Wolfgang Graßhof

Erfolgreiche Umsetzung von digitalen Serviceplattformen

Über den Autor

Wolfgang Graßhof, geboren am 21. August 1978, ist verheiratet und Vater eines Kindes. Er absolvierte sein Studium der Informatik und startete seine berufliche Laufbahn als Softwareentwickler bei einem kleinen Softwareentwicklungsdienstleister. Bereits in jungen Jahren avancierte er zum Projektleiter im Bankenumfeld, wo er Softwareentwicklungsprojekte leitete und als Berater tätig war.

Mit Anfang 30 wagte er den Schritt in die Selbstständigkeit. Als Einzelunternehmer übernahm er weiterhin die Projektleitung von Softwareentwicklungsprojekten. Innerhalb von anderthalb Jahren stellte er den ersten Softwareentwickler ein, und so entstand die WOGRA AG. Das Unternehmen hat derzeit seinen Sitz in Gersthofen bei Augsburg und hat sich in den letzten 15 Jahren zu einem Spezialisten für die Realisierung von digitalen Serviceplattformen und KI-basierten Automatisierungslösungen entwickelt.

Die Erfahrungen aus seinem beruflichen Werdegang nutzte er, um dieses Buch zu erstellen. Neben seiner beruflichen Leidenschaft ist Wolfgang Graßhof ein begeisterter Eishockey- und Skaterhockeyfan. Er verpasst selten Spiele der Augsburger Panther, des Augsburger EV und des TV Augsburg.

Inhaltsverzeichnis

Vorwort

Liebe Leserinnen und Leser,

ich freue mich sehr, Ihnen dieses Buch über digitale Serviceplattformen vorstellen zu dürfen. In einer Zeit, in der die Digitalisierung eine immer größere Rolle in unserem täglichen Leben und in der Geschäftswelt spielt, sind digitale Serviceplattformen zu einem unverzichtbaren Instrument für Unternehmen geworden, um ihren Kunden innovative Dienstleistungen anzubieten, die Kundenerfahrung zu verbessern und Wettbewerbsvorteile zu erlangen.

Dieses Buch richtet sich speziell an Geschäftsführer, Vertriebs- oder Serviceleiter in Unternehmen, die sich mit der Einführung und Optimierung von digitale Serviceplattformen befassen. Es bietet einen umfassenden Überblick über die Grundlagen, Herausforderungen, Chancen und Best Practices im Zusammenhang mit der Implementierung von digitalen Serviceplattformen und soll Ihnen dabei helfen, Ihr Wissen zu vertiefen, Ihre Fähigkeiten zu erweitern und Ihr Unternehmen erfolgreich in die digitale Zukunft zu führen.

In diesem Buch sind eine Vielzahl von Themen abgedeckt, von der Definition und den Grundlagen von digitalen Serviceplattformen über die Planung und Implementierung bis hin zu spezifischen Use Cases und Best Practices. Mein Ziel ist es, Ihnen eine praxisorientierte und leicht verständliche Informationsquelle zur Verfügung zu stellen, die Ihnen bei der erfolgreichen Umsetzung Ihrer digitalen Serviceplattformprojekte unterstützt.

Ich möchte allen Personen danken, die zur Entstehung dieses Buches beigetragen haben, sei es durch ihre Fachkenntnisse, ihre Unterstützung oder ihre Inspiration. Ein besonderer Dank geht an mein Team und meine Kollegen der WOGRA AG, die mit ihrem Engagement und ihrer Expertise dazu beigetragen haben, dieses Projekt zu realisieren.

Während der Entstehung dieses Buches habe ich mich intensiv mit dem Thema auseinandergesetzt und versucht, meine Gedanken und

Erfahrungen so präzise wie möglich zu formulieren. Als Informatiker fällt es mir oft leichter, mich mit Zahlen und Daten auseinanderzusetzen als mit der Formulierung von Texten. Daher habe ich mich entschieden, die Unterstützung von LLM's in Anspruch zu nehmen, um aus meinen Gedanken sinnvolle und ansprechende Texte zu formen.

Ich hoffe, dass dieses Buch Ihnen wertvolle Einblicke und Inspirationen bietet, um die Potenziale digitaler Serviceplattformen in Ihrem Unternehmen optimal zu nutzen. Sollten dennoch Fragen offen bleiben oder Themen nicht ausreichend beleuchtet worden sein, stehe ich Ihnen gerne für einen weiteren Austausch zur Verfügung.

Ich hoffe, dass dieses Buch Ihnen wertvolle Einblicke und Erkenntnisse bietet und Sie dabei unterstützt, Ihre digitale Serviceplattform erfolgreich zu planen, umzusetzen und zu optimieren. Möge es Ihnen helfen, Ihre Ziele zu erreichen und Ihr Unternehmen auf dem Weg zur digitalen Exzellenz zu begleiten.

Wolfgang Graßhof

1. Einführung in digitale Serviceplattformen

In einer zunehmend digitalisierten Welt sind digitale Serviceplattformen zu einem unverzichtbaren Bestandteil des Geschäftslebens geworden. Doch was genau verbirgt sich hinter diesem Begriff und warum sollten Unternehmen sich intensiver damit beschäftigen?

Definition und Bedeutung von digitalen Serviceplattformen

Digitale Serviceplattformen sind integrierte technologische Lösungen, die es Unternehmen ermöglichen, ihren Kunden innovative Dienstleistungen über verschiedene digitale Kanäle anzubieten. Diese Plattformen dienen als Schnittstelle zwischen Unternehmen und Geschäftspartnern und ermöglichen eine effiziente Bereitstellung von Services, von der Problemlösung bis hin zur Optimierung von Geschäftsprozessen.

Die Bedeutung von digitalen Serviceplattformen für Unternehmen liegt insbesondere in ihrer Fähigkeit, die Kundenbindung zu stärken, die Effizienz im Servicebereich zu steigern und neue Umsatzmöglichkeiten zu erschließen. Durch die Integration von digitalen Technologien können Unternehmen ihren Geschäftspartnern einen Mehrwert bieten und sich gleichzeitig von Wett-bewerbern abheben.

Warum sind digitale Serviceplattformen wichtig für B2B-Unternehmen?

Im B2B-Bereich spielen Serviceleistungen eine entscheidende Rolle für den Erfolg eines Unternehmens. Digitale Serviceplattformen ermöglichen es Unternehmen, ihre Serviceangebote zu optimieren und auf die Bedürfnisse ihrer Geschäftspartner einzugehen. Durch die Digitalisierung von Serviceprozessen können Unternehmen nicht nur die Kundenzufriedenheit steigern, sondern auch ihre operativen Abläufe verbessern und Kosten senken.

Darüber hinaus bieten digitale Serviceplattformen B2B-Unternehmen die Möglichkeit, neue Geschäftsfelder zu erschließen und ihr

Angebotsspektrum zu erweitern. Durch die Integration von Analyse- und KI-Technologien können Unternehmen wertvolle Einblicke in das Kundenverhalten gewinnen und ihre Services kontinuierlich verbessern und neue Geschäftsmodelle entwickeln.

Insgesamt sind digitale Serviceplattformen ein wesentlicher Bestandteil der digitalen Transformation von B2B-Unternehmen und bieten Ihnen die Möglichkeit, ihr Unternehmen zukunftsorientiert aufzustellen und Wettbewerbsvorteile zu erlangen.

2. Die Grundlagen verstehen: Digitale Transformation im Servicebereich

Die digitale Transformation hat eine umfassende Veränderung in der Art und Weise mit sich gebracht, wie Unternehmen ihre Dienstleistungen erbringen und mit ihren Geschäftspartnern interagieren. In diesem Kapitel werden die Grundlagen der digitalen Transformation im Servicebereich beleuchtet und die Rolle, Herausforderungen und Chancen für Unternehmen erläutert.

Die Rolle der Digitalisierung im Service

Die Digitalisierung hat den Servicebereich revolutioniert, indem sie neue Möglichkeiten zur Bereitstellung von Dienstleistungen geschaffen hat. Durch den Einsatz von digitalen Technologien können Unternehmen ihren Service effizienter gestalten und gleichzeitig die Kundenerfahrung verbessern. Von der Automatisierung von Prozessen bis hin zur Implementierung von Self-Service-Lösungen bieten digitale Technologien vielfältige Möglichkeiten, den Servicebereich zu optimieren.

Herausforderungen und Chancen der Digitalisierung im B2B-Service

Die Digitalisierung birgt sowohl Herausforderungen als auch Chancen für Unternehmen. Zu den Herausforderungen gehören unter anderem die Integration von digitalen Systemen, Datenschutz- und Sicherheitsbedenken sowie die Notwendigkeit einer Anpassung der Unternehmenskultur. Gleichzeitig eröffnet die Digitalisierung jedoch auch neue Möglichkeiten zur Steigerung der Effizienz, Verbesserung der Kundenbindung und Erschließung neuer Umsatzquellen.

Es ist entscheidend, dass Unternehmen die Chancen und Herausforderungen der digitalen Transformation verstehen und strategisch darauf reagieren, um ihr Unternehmen erfolgreich in die digitale Zukunft zu führen.

3. Nutzen und Vorteile von digitalen Serviceplattformen

Digitale Serviceplattformen bieten eine Vielzahl von Nutzen und Vorteilen für B2B-Unternehmen. In diesem Kapitel werden die verschiedenen Möglichkeiten beleuchtet, wie eine digitale Serviceplattform den Kundenservice verbessern, die Effizienz steigern oder neue Geschäftsmöglichkeiten schaffen kann.

Verbesserung der Kundenerfahrung durch digitale Services

Digitale Serviceplattformen ermöglichen es Unternehmen, ihren Kunden einen erstklassigen Service über verschiedene digitale Kanäle anzubieten. Durch die Implementierung von Self-Service-Lösungen, personalisierten Angeboten und Echtzeitkommunikation können Unternehmen die Kundenzufriedenheit steigern und langfristige Kundenbeziehungen aufbauen.

Stärkung der Kundenbindung und -loyalität

Durch die Bereitstellung personalisierter und maßgeschneiderter Dienstleistungen können digitale Serviceplattformen dazu beitragen, die Kundenbindung und -loyalität zu stärken. Kunden schätzen die Bequemlichkeit und Effizienz digitaler Services und sind eher geneigt, langfristige Beziehungen zu Unternehmen aufzubauen, die ihre Bedürfnisse verstehen und erfüllen können.

Steigerung der Effizienz und Produktivität im Servicebereich

Durch die Automatisierung von wiederkehrenden Aufgaben, die Optimierung von Prozessen und die Nutzung von Datenanalyse- und KI-Technologien können Unternehmen die Effizienz und Produktivität ihres Servicebereichs erheblich steigern. Dies ermöglicht es Unternehmen, Ressourcen effektiver einzusetzen und Kosten zu senken, ohne die Servicequalität zu beeinträchtigen.

Umsatzsteigerung und neue Geschäftsmöglichkeiten durch digitale Dienstleistungen

Digitale Serviceplattformen eröffnen Unternehmen neue Umsatzmöglichkeiten, indem sie zusätzliche Dienstleistungen und Mehrwertleistungen anbieten können. Durch die Monetarisierung von digitalen Services, die Erschließung neuer Kundensegmente und die Schaffung von innovativen Geschäftsmodellen können Unternehmen ihr Umsatzpotenzial maximieren und Wettbewerbsvorteile erlangen.

Die Nutzung von digitalen Serviceplattformen bietet Unternehmen zahlreiche Möglichkeiten, ihren Service zu optimieren, ihre Effizienz zu steigern und neue Umsatzquellen zu erschließen. Indem Unternehmen die Chancen dieser Plattformen gezielt nutzen, können sie sich erfolgreich im Markt positionieren und langfristigen Erfolg sichern.

Erweiterung der globalen Reichweite und Skalierbarkeit

Digitale Serviceplattformen ermöglichen es Unternehmen, ihre Dienstleistungen global anzubieten und ihre Reichweite über geografische Grenzen hinweg zu erweitern. Durch den Einsatz digitaler Technologien können Unternehmen ihre Services skalieren und auf verschiedene Märkte ausdehnen, ohne dass dabei zusätzliche physische Infrastruktur erforderlich ist.

Verbesserung der Reaktionsfähigkeit und Agilität

Digitale Serviceplattformen ermöglichen es Unternehmen, flexibel auf sich ändernde Marktanforderungen und Kundenbedürfnisse zu reagieren. Durch die Automatisierung von Prozessen und die Nutzung von Echtzeitdaten können Unternehmen schneller auf Anfragen eingehen, Probleme lösen und innovative Lösungen entwickeln, um sich von der Konkurrenz abzuheben.

Reduzierung von Betriebskosten und Risiken

Die Implementierung einer digitalen Serviceplattform kann dazu beitragen, Betriebskosten zu senken und Risiken zu reduzieren. Durch die Automatisierung von manuellen Prozessen und die Optimierung von

Ressourcennutzung können Unternehmen ihre Betriebskosten senken. Darüber hinaus können digitale Serviceplattformen dazu beitragen, Risiken zu minimieren, indem sie eine transparente und konsistente Servicebereitstellung gewährleisten und Compliance-Anforderungen erfüllen.

4. Use Cases für digitale Serviceplattformen

Digitale Serviceplattformen bieten eine Vielzahl von Anwendungsmöglich-keiten in verschiedenen Branchen und für unterschiedliche Unterneh-mensbereiche. In diesem Kapitel werden einige gängige Use Cases für digitale Serviceplattformen vorgestellt, um Ihnen einen Einblick in die vielfältigen Einsatzmöglichkeiten dieser Technologie zu geben.

Kunden-Self-Service-Portale

Ein häufiger Use Case für Digitale Serviceplattformen ist die Bereitstellung von Kunden-Self-Service-Portalen, auf denen Kunden ihre Anfragen, Bestellungen oder Probleme eigenständig verwalten können. Diese Portale bieten Kunden eine bequeme Möglichkeit, auf Informationen zuzugreifen, Support anzufordern oder Transaktionen durchzuführen, ohne dass sie auf die Antwort eines Mitarbeiters warten müssen. Des Weiteren steht der Service auch außerhalb der Geschäftszeiten zur Verfügung. Dies ist besonders relevant, wenn Leistungen oder Produkte in der ganzen Welt vertrieben werden, oder Kunden außerhalb der Arbeitszeit Informationen abrufen wollen.

Predictive Maintenance und Fernüberwachung

In Branchen wie Fertigung, Logistik und Transport können digitale Serviceplattformen zur Implementierung von Predictive Maintenance und Fernüberwachungssystemen eingesetzt werden. Diese Plattformen nutzen Daten aus vernetzten Geräten und Sensoren, um den Zustand von Maschinen und Anlagen in Echtzeit zu überwachen, potenzielle Ausfälle vorherzusagen und präventive Wartungsmaßnahmen zu planen, um ungeplante Stillstandzeiten zu minimieren.

Field Service Management

Digitale Serviceplattformen können auch für das Field Service Management eingesetzt werden, um die Effizienz und Produktivität von Außendienstmitarbeitern zu verbessern. Durch mobile Anwendungen und integrierte Planungstools können Servicetechniker Auftragsinformationen erhalten, Routen optimieren, Serviceberichte erstellen und direkt mit

Kunden kommunizieren, um eine schnellere und effektivere Servicebereitstellung sicherzustellen.

E-Commerce-Plattformen für Service- und Ersatzteile

In Branchen wie dem Maschinen- und Anlagenbau können digitale Serviceplattformen als E-Commerce-Plattformen für Service- und Ersatzteile dienen. Diese Plattformen ermöglichen es Kunden, online Ersatzteile zu bestellen, Serviceleistungen zu buchen und technische Unterstützung zu erhalten, wodurch der Beschaffungsprozess optimiert und die Lieferzeiten verkürzt werden.

Knowledge Management und Schulung

Digitale Serviceplattformen können auch für das Knowledge Management und die Schulung von Mitarbeitern eingesetzt werden. Durch die Bereitstellung von Schulungsmaterialien, Handbüchern und Online-Lernressourcen können Unternehmen sicherstellen, dass ihre Mitarbeiter stets über aktuelles Wissen und Fähigkeiten verfügen, um die Kundenbedürfnisse bestmöglich zu erfüllen.

Customer Relationship Management (CRM)

Digitale Serviceplattformen können als zentrale CRM-Systeme dienen, um Kundeninteraktionen zu verfolgen, Kundendaten zu verwalten und die Kundenbeziehung zu pflegen. Durch die Integration von CRM-Funktionalitäten können Unternehmen eine 360-Grad-Sicht auf ihre Kunden erhalten und personalisierte Serviceangebote und Marketingaktionen entwickeln.

Virtuelle Beratungs- und Supportdienste

Digitale Serviceplattformen können virtuelle Beratungs- und Supportdienste bereitstellen, um Kunden bei Fragen, Problemen oder Kaufentscheidungen zu unterstützen. Durch die Integration von Chatbots, virtuellen Assistenten und Videoberatungsfunktionen können Unternehmen einen personalisierten und zeitnahen Support bieten, der über verschiedene Kanäle zugänglich ist.

Asset-Management und Leistungsüberwachung

In Branchen wie dem Facility Management oder der Energieversorgung können Digitale Serviceplattformen zur Verwaltung von Assets und zur Überwachung der Leistung von Anlagen eingesetzt werden. Durch die Integration von Asset-Management-Tools und Leistungsüberwachungssystemen können Unternehmen die Verfügbarkeit, Effizienz und Wartungsbedürfnisse ihrer Assets optimieren.

Personalisierte Produktkonfiguratoren

Für Unternehmen, die komplexe Produkte anbieten, können Digitale Serviceplattformen personalisierte Produktkonfiguratoren bereitstellen, die es Kunden ermöglichen, ihre Produkte nach individuellen Anforderungen anzupassen und zu konfigurieren. Durch die Integration von 3D-Visualisierungen und Echtzeit-Preiskalkulationen können Kunden ihre Produkte visuell gestalten und sofortige Preisinformationen erhalten.

Community- und Wissensaustauschplattformen

Digitale Serviceplattformen können als Community- und Wissensaustauschplattformen fungieren, auf denen Kunden, Experten und Partner zusammenkommen, um Wissen auszutauschen, Best Practices zu teilen und gemeinsam Lösungen für Herausforderungen zu entwickeln. Durch die Integration von Diskussionsforen, Webinaren und Experten-Q&A-Sitzungen können Unternehmen eine lebendige Community aufbauen und das Engagement ihrer Kunden fördern.

Die vorgestellten Use Cases verdeutlichen die vielfältigen Möglichkeiten, wie Digitale Serviceplattformen Unternehmen dabei unterstützen können, ihre Serviceangebote zu verbessern, die Kundenzufriedenheit zu steigern und wettbewerbsfähig zu bleiben. Indem Vertriebs- und Serviceleiter diese Use Cases verstehen und gezielt einsetzen, können sie das volle Potenzial von Digitalen Serviceplattformen ausschöpfen und ihren Unternehmenserfolg vorantreiben.

5. Kundenportale als besondere Form der digitalen Serviceplattformen

Kundenportale sind eine wichtige Form von digitalen Serviceplattformen, die es Unternehmen ermöglichen, ihren Kunden einen personalisierten und selbstgesteuerten Zugang zu Informationen, Dienstleistungen und Support zu bieten. In diesem Kapitel werden die Merkmale, Vorteile und Best Practices von Kundenportalen erläutert.

Merkmale von Kundenportalen

Kundenportale zeichnen sich durch folgende Merkmale aus:

- **Personalisierte Benutzerkonten:** Kunden können sich mit ihren individuellen Zugangsdaten anmelden und auf personalisierte Informationen zugreifen.
- **Self-Service-Funktionalitäten:** Kunden können eigenständig Bestellungen aufgeben, Rechnungen einsehen, Support-Anfragen stellen und vieles mehr, ohne direkten Kontakt zu einem Mitarbeiter zu benötigen.
- **Integration verschiedener Services: Kundenportale** können verschiedene Dienstleistungen und Funktionen integrieren, wie z.B. Produktkonfiguratoren, Wissensdatenbanken, Support-Ticketsysteme und Community-Foren.
- **Sicherheit und Datenschutz:** Kundenportale müssen robuste Sicherheitsmaßnahmen implementieren, um die Vertraulichkeit und Integrität der Kundeninformationen zu gewährleisten.

Vorteile von Kundenportalen

Die Nutzung von Kundenportalen bietet Unternehmen eine Vielzahl von Vorteilen:

- **Erhöhte Kundenzufriedenheit:** Kundenportale ermöglichen es Kunden, ihre Anliegen schnell und unkompliziert selbst zu lösen, was zu einer gesteigerten Kundenzufriedenheit führt.

- **Effizienzsteigerung:** Durch die Automatisierung wiederkehrender Prozesse und die Reduzierung manueller Aufgaben können Unternehmen ihre Effizienz steigern und Ressourcen einsparen.

- **Erweiterung des Serviceangebots:** Kundenportale ermöglichen es Unternehmen, ihr Serviceangebot zu erweitern und zusätzliche Mehrwertdienste anzubieten, die den Kundenbedürfnissen entsprechen.

- **Datenbasierte Entscheidungsfindung:** Durch die Analyse von Kundeninteraktionen und -verhalten auf dem Portal können Unternehmen wertvolle Einblicke gewinnen und fundierte Entscheidungen treffen, um ihr Serviceangebot kontinuierlich zu verbessern.

Best Practices bei der Gestaltung von Kundenportalen

Einige bewährte Praktiken für die Gestaltung von Kundenportalen umfassen:

- **Benutzerzentrierter Ansatz:** Kundenportale sollten auf die Bedürfnisse und Anforderungen der Zielgruppe ausgerichtet sein und eine intuitive Benutzerführung bieten.

- **Klare Kommunikation:** Informationen und Anweisungen auf dem Portal sollten klar und verständlich formuliert sein, um Missverständnisse zu vermeiden.

- **Responsives Design:** Kundenportale sollten für verschiedene Geräte und Bildschirmgrößen optimiert sein, um eine konsistente Nutzererfahrung zu gewährleisten.

- **Regelmäßiges Feedback einholen:** Unternehmen sollten regelmäßig Feedback von Kunden zum Portal einholen und entsprechende Verbesserungen vornehmen, um die Benutzererfahrung kontinuierlich zu optimieren.

Die Implementierung eines Kundenportals als Teil einer digitalen Serviceplattform kann Unternehmen dabei unterstützen, die Kundenzufriedenheit zu steigern, die Effizienz zu verbessern und wettbewerbsfähig zu bleiben. Indem Sie Kundenportale strategisch planen und umsetzen, können sie die Vorteile dieser leistungsstarken Technologie voll ausschöpfen und langfristigen Erfolg sicherstellen.

6. Geschäftsmodell und Strategie

Die Einführung einer digitalen Serviceplattform erfordert eine klare Geschäftsstrategie, die darauf abzielt, Mehrwert für das Unternehmen und seine Kunden zu schaffen. In diesem Kapitel werde ich verschiedene Aspekte des Geschäftsmodells und der Strategieentwicklung behandeln, um eine erfolgreiche Einführung der Plattform sicherzustellen.

Geschäftsmodellgestaltung

Die Auswahl des richtigen Geschäftsmodells ist entscheidend für den Erfolg einer digitalen Serviceplattform. Dieses Kapitel behandelt verschiedene Geschäftsmodelltypen, darunter:

- **Abonnementmodell**: Kunden zahlen eine regelmäßige Gebühr für den Zugang zu den Dienstleistungen der Plattform.
- **Transaktionsmodell**: Kunden zahlen für die Nutzung bestimmter Funktionen oder Dienstleistungen auf Pay-per-Use-Basis.
- **Werbemodell**: Einnahmen werden durch Werbung generiert, die auf der Plattform geschaltet wird.
- **Freemium-Modell**: Eine Basisversion der Plattform ist kostenlos, während für Premium-Funktionen oder erweiterte Dienstleistungen bezahlt werden muss.
- **Kostenloses Portal**: über die Plattform werden Services angeboten, die sich auf die Kundenbindung fokussieren, und weitere Dienste zu anderen Leistungen und Produkte anbieten um sich vom Wettbewerb abzuheben oder Cross-Selling Potentiale zu heben. Umsatz wird dann auf Basis der höhere Kundentreue und der Möglichkeit weitere Services und Produkte generiert, die über die Plattform bestellt werden können. Des Weiteren können Kostensenkungen in Vertriebs- und Supportabteilungen generiert werden, da durch das Portal Prozesse automatisiert werden können.

Integration in die Unternehmensstrategie

Eine erfolgreiche digitale Serviceplattform sollte eng mit der Unternehmensstrategie verknüpft sein. In diesem Abschnitt werden die folgenden Punkte behandelt:

- **Ausrichtung auf Geschäftsziele:** Die Plattform sollte dazu beitragen, die übergeordneten Geschäftsziele des Unternehmens zu erreichen, sei es Umsatzsteigerung, Kostenreduzierung oder Marktdurchdringung.
- **Identifizierung von Kernkompetenzen:** Die Plattform sollte die Kernkompetenzen des Unternehmens stärken und differenzieren, um Wettbewerbsvorteile zu erzielen.
- **Kundenorientierung:** Die Bedürfnisse und Anforderungen der Kunden sollten im Mittelpunkt der Plattformentwicklung stehen, um eine hohe Kundenzufriedenheit und -bindung sicherzustellen.
- **Risikomanagement:** Risiken und Herausforderungen im Zusammenhang mit der Plattformentwicklung sollten identifiziert und bewertet werden, um geeignete Gegenmaßnahmen zu ergreifen.

Geschäftsstrategie umsetzen

Die Umsetzung der Geschäftsstrategie erfordert eine klare Roadmap und eine effektive Umsetzungsstrategie. Dies beinhaltet:

- **Schaffung einer Roadmap**: Entwicklung eines detaillierten Plans für die Entwicklung, Implementierung und Skalierung der Plattform.
- **Ressourcenallokation**: Zuweisung der erforderlichen Ressourcen, einschließlich Budget, Personal und Technologie, um die Plattform erfolgreich umzusetzen.
- **Stakeholder-Management**: Einbindung und Einbeziehung relevanter Stakeholder, einschließlich Führungskräfte, Mitarbeiter, Kunden und Lieferanten, um Unterstützung und Akzeptanz für die Plattform zu gewinnen.

Ein klarer Fokus auf das Geschäftsmodell und die Strategie ist entscheidend für den langfristigen Erfolg einer digitalen Serviceplattform. Der folgende Abschnitt bietet einen Leitfaden zur Entwicklung einer robusten Geschäftsstrategie und deren erfolgreichen Umsetzung.

Entwicklung einer robusten Geschäftsstrategie und erfolgreiche Umsetzung

Die Entwicklung und Umsetzung einer Geschäftsstrategie ist von entscheidender Bedeutung für den Erfolg einer digitalen Serviceplattform. Dieses Kapitel bietet einen Leitfaden für Unternehmen, um eine robuste Geschäftsstrategie zu entwickeln und diese erfolgreich umzusetzen.

1. Analyse des Marktumfelds und der Wettbewerbslandschaft

- Durchführung einer umfassenden Marktanalyse, um die Trends, Chancen und Herausforderungen im Markt zu verstehen.
- Bewertung der Wettbewerbslandschaft, um die Stärken, Schwächen und Positionierung der Wettbewerber zu analysieren.
- Identifizierung von Marktlücken und ungenutzten Möglichkeiten, um differenzierende Merkmale für die Plattform zu definieren.

2. Festlegung der Geschäftsziele und -strategien

- Klare Definition der kurz-, mittel- und langfristigen Geschäftsziele, die mit der digitalen Serviceplattform erreicht werden sollen.
- Entwicklung von Strategien, um diese Ziele zu erreichen, einschließlich Umsatzwachstum, Kundenbindung und Marktdurchdringung.
- Festlegung von Leistungskennzahlen (KPIs), um den Fortschritt gegenüber den Zielen zu messen und zu verfolgen.

3. Kundenorientierung und Benutzererfahrung

- Identifizierung der Zielgruppen und ihrer Bedürfnisse, um eine benutzerzentrierte Plattform zu entwickeln.
- Durchführung von Kundenbefragungen, Interviews und Analysen, um Einblicke in die Kundenbedürfnisse zu gewinnen.

- Gestaltung der Benutzererfahrung (User Experience, UX) unter Berücksichtigung von Usability, Zugänglichkeit und Kundenzufriedenheit.

Im Kapitel 13 beleuchte ich dieses Thema intensiv.

4. Technologieauswahl und Infrastrukturplanung

- Auswahl der geeigneten Technologien und Plattformen, die die Anforderungen der digitalen Serviceplattform erfüllen.
- Planung einer skalierbaren und zuverlässigen Infrastruktur, die eine reibungslose Funktion und Leistung der Plattform gewährleistet.
- Berücksichtigung von Sicherheitsaspekten und Datenschutzbestimmungen bei der Auswahl der Technologien und Infrastruktur.

Dieses Themengebiet wird im Kapitel 14 umfangreich behandelt.

5. Umsetzung und Iteration

- Entwicklung eines detaillierten Umsetzungsplans, der die einzelnen Schritte zur Realisierung der Plattform festlegt.
- Agiles Vorgehen bei der Entwicklung und Implementierung, um flexibel auf Veränderungen reagieren zu können und kontinuierliche Verbesserungen vorzunehmen.
- Iterative Entwicklung und Testen der Plattform, basierend auf dem Feedback der Benutzer und den Ergebnissen der Leistungsmessung.

Weitere Details zum Thema Umsetzung und Iteration finden Sie im Kapitel 11.

6. Messung des Erfolgs und Anpassung der Strategie

- Kontinuierliche Überwachung und Auswertung der Leistung der Plattform anhand der definierten KPIs.
- Bewertung des Nutzens und der Wirksamkeit der umgesetzten Geschäftsstrategie und Anpassung bei Bedarf.

- Einbindung von Kundenfeedback und Marktanalysen, um die Plattform kontinuierlich zu optimieren und den sich ändernden Anforderungen anzupassen.

Eine sorgfältige Entwicklung und Umsetzung einer Geschäftsstrategie ist entscheidend für den Erfolg einer digitalen Serviceplattform. Durch die Berücksichtigung der oben genannten Schritte können Unternehmen sicherstellen, dass ihre Plattform die gesteckten Ziele erreicht und einen Mehrwert für das Unternehmen und seine Kunden schafft.

7. Internationalisierung und Lokalisierung

Die Internationalisierung und Lokalisierung einer digitalen Serviceplattform sind entscheidende Schritte, um die Reichweite zu erhöhen und globalen Kunden einen nahtlosen Zugang zu den angebotenen Dienstleistungen zu ermöglichen. Dieses Kapitel beschäftigt sich mit den Herausforderungen und Strategien, die mit diesem Prozess verbunden sind.

Internationalisierung

Die Internationalisierung bezieht sich auf die Gestaltung und Entwicklung einer digitalen Serviceplattform, um sie für den globalen Markt zugänglich zu machen. Dies umfasst die Vorbereitung der Plattform auf die Anpassung an verschiedene Sprachen, Kulturen und rechtliche Rahmenbedingungen. Zu den Herausforderungen der Internationalisierung gehören:

- **Sprachliche Vielfalt**: Eine der größten Herausforderungen besteht darin, die Plattform für verschiedene Sprachen zu lokalisieren, um eine breite internationale Zielgruppe anzusprechen.
- **Kulturelle Unterschiede**: Die Plattform muss auch kulturelle Unterschiede berücksichtigen, wie unterschiedliche Vorlieben, Verhaltensweisen und kulturelle Sensibilitäten, um ein positives Nutzererlebnis für Kunden weltweit sicherzustellen.
- **Rechtliche Anforderungen**: Je nach Zielland können sich die rechtlichen Anforderungen in Bezug auf Datenschutz, Urheberrecht, Zahlungsmethoden und andere Aspekte stark unterscheiden, was eine sorgfältige Prüfung und Anpassung erfordert.

Lokalisierung

Die Lokalisierung bezieht sich auf die Anpassung der digitalen Serviceplattform an die spezifischen Bedürfnisse und Erwartungen der lokalen Märkte. Dazu gehören die Übersetzung von Inhalten, die Anpassung von Währungen, Zahlungsmethoden und das Berücksichtigen kultureller Nuancen. Hier sind einige wichtige Aspekte der Lokalisierung:

- **Sprachliche Anpassung**: Alle Inhalte der Plattform, einschließlich Texte, Schaltflächen und Menüs, müssen in die Zielsprache übersetzt werden, um eine reibungslose Interaktion für internationale Benutzer zu gewährleisten.
- **Währungs- und Zahlungsanpassung**: Die Plattform muss verschiedene Währungen unterstützen und lokale Zahlungsmethoden integrieren, um den Zahlungsverkehr für Kunden aus verschiedenen Ländern zu erleichtern.
- **Kulturelle Sensibilität**: Die Plattform sollte kulturelle Sensibilitäten berücksichtigen und Inhalte, Bilder und Symbole verwenden, die für die Zielkultur relevant und ansprechend sind.

Strategien für eine erfolgreiche Internationalisierung und Lokalisierung

- **Frühzeitige Planung**: Die Internationalisierung und Lokalisierung sollte von Anfang an in den Entwicklungsprozess der Plattform integriert werden, um zusätzliche Anpassungskosten und Aufwände zu vermeiden.
- **Engagement von lokalen Experten**: Die Zusammenarbeit mit lokalen Experten und Übersetzern kann helfen, kulturelle Nuancen und sprachliche Feinheiten zu verstehen und die Plattform entsprechend anzupassen.
- **Regelmäßige Überprüfung und Anpassung**: Die Plattform sollte regelmäßig auf Aktualisierungen und Änderungen in den Zielländern überprüft werden, um sicherzustellen, dass sie weiterhin den Bedürfnissen und Erwartungen der internationalen Benutzer entspricht.

Die Internationalisierung und Lokalisierung einer digitalen Serviceplattform sind wesentliche Schritte, um die Reichweite zu erhöhen und globale Märkte zu erschließen. Indem Unternehmen die sprachlichen, kulturellen und rechtlichen Unterschiede berücksichtigen und entsprechende Anpassungen vornehmen, können sie ein positives Nutzererlebnis für Kunden weltweit sicherstellen und ihre internationale Präsenz stärken.

8. Datenschutz und Compliance

In einer zunehmend digitalisierten Welt gewinnt der Datenschutz eine immer größere Bedeutung. Besonders bei digitalen Serviceplattformen ist der verantwortungsvolle Umgang mit persönlichen Daten von höchster Priorität. Dieses Kapitel widmet sich den rechtlichen Anforderungen und Best Practices im Datenschutz und der Compliance auf digitalen Serviceplattformen.

Rechtliche Anforderungen

Digitale Serviceplattformen müssen eine Vielzahl von Datenschutzgesetzen und branchenspezifischen Vorschriften einhalten, darunter:

- **Datenschutz-Grundverordnung (DSGVO)**: Die DSGVO ist ein EU-weites Datenschutzgesetz, das die Erhebung, Verarbeitung und Speicherung von personenbezogenen Daten regelt. Unternehmen, die personenbezogene Daten von EU-Bürgern verarbeiten, müssen die Anforderungen der DSGVO erfüllen, unabhängig davon, wo sie ansässig sind.

- **California Consumer Privacy Act (CCPA)**: Dieses Gesetz regelt den Datenschutz von Einwohnern Kaliforniens und ähnelt in vielen Aspekten der DSGVO. Es verlangt von Unternehmen, transparent über die Verarbeitung von personenbezogenen Daten zu informieren und den Verbrauchern Kontrollmöglichkeiten über ihre Daten zu geben.

- **Branchenspezifische Vorschriften**: Je nach Branche können weitere spezifische Datenschutzgesetze und Vorschriften gelten, wie beispielsweise im Gesundheitswesen (HIPAA) oder im Finanzsektor (GLBA).

Best Practices im Datenschutz

Um den Datenschutz auf digitalen Serviceplattformen zu gewährleisten, sollten folgende Best Practices beachtet werden:

- **Datenschutz durch Design:** Datenschutz und Sicherheit sollten von Anfang an in die Entwicklung der Plattform integriert werden. Dies umfasst die Implementierung von Datenschutzmaßnahmen wie Zugriffskontrollen, Datenverschlüsselung und Anonymisierungstechniken.

- **Transparenz und Informationspflicht:** Nutzer sollten transparent über die Verarbeitung ihrer Daten informiert werden, einschließlich des Zwecks der Datenverarbeitung, der Art der gesammelten Daten und der Weitergabe an Dritte. Eine Datenschutzerklärung ist hierbei unerlässlich.

- **Einwilligung der Nutzer:** Die Einholung der Einwilligung der Nutzer vor der Verarbeitung ihrer personenbezogenen Daten ist entscheidend. Die Einwilligung sollte freiwillig, spezifisch, informiert und eindeutig sein und kann in Form eines Opt-in-Mechanismus erfolgen.

- **Datensicherheit und -integrität:** Maßnahmen zur Sicherstellung der Datensicherheit und -integrität sollten implementiert werden, einschließlich regelmäßiger Sicherheitsüberprüfungen, Aktualisierungen und Backups.

- **Datenschutz-Folgenabschätzung (DPIA):** Bei der Einführung neuer Datenverarbeitungsprozesse sollten Datenschutz-Folgenabschätzungen durchgeführt werden, um potenzielle Risiken für die Rechte und Freiheiten der betroffenen Personen zu identifizieren und zu minimieren.

Best Practices für die Einhaltung

Zusätzlich zu den genannten Best Practices empfiehlt es sich, interne Richtlinien und Verfahren für die Einhaltung des Datenschutzes und der Compliance zu entwickeln und umzusetzen. Dazu gehören:

- **Regelmäßige Schulungen:** Sensibilisierung der Mitarbeiter für Datenschutzfragen und Schulung im Umgang mit personenbezogenen Daten.

- **Datenschutzbeauftragter**: Benennung eines Datenschutzbeauftragten, der für die Überwachung der Einhaltung von Datenschutzbestimmungen verantwortlich ist.
- **Regelmäßige Überprüfung und Aktualisierung**: Kontinuierliche Überprüfung und Aktualisierung von Datenschutzrichtlinien und -verfahren entsprechend neuer Gesetze und Best Practices.

Die Einhaltung der Datenschutzgesetze und branchenspezifischen Vorschriften sowie die Umsetzung bewährter Datenschutzpraktiken sind von entscheidender Bedeutung für den Erfolg und das Vertrauen in digitale Serviceplattformen. Unternehmen sollten daher Datenschutz und Compliance als integralen Bestandteil ihrer Geschäftsstrategie betrachten und kontinuierlich überwachen und verbessern.

9. Unterschiede zwischen B2C und B2B Digitalen Serviceplattformen

Digitale Serviceplattformen (DSP) dienen als zentrale Schnittstelle für die Interaktion zwischen Unternehmen und ihren Kunden oder Geschäftspartnern. Während sie sowohl im B2C- als auch im B2B-Bereich eingesetzt werden können, gibt es einige signifikante Unterschiede zwischen den beiden Zielgruppen, die bei der Gestaltung und Implementierung berücksichtigt werden müssen.

Zielgruppe und Nutzung

B2C

Bei digitalen Serviceplattformen im B2C Bereich stehen Verbraucher im Mittelpunkt. Die Plattformen sind darauf ausgerichtet, eine breite Masse von Endverbrauchern anzusprechen und deren individuelle Bedürfnisse zu erfüllen. Die Nutzung ist in der Regel persönlicher und weniger technisch orientiert.

B2B

Dagegen zielen B2B Plattformen darauf ab, die Bedürfnisse von Unternehmen und professionellen Kunden zu erfüllen. Die Nutzung erfolgt in einem geschäftlichen Kontext und erfordert oft spezifisches Fachwissen sowie eine nahtlose Integration in bestehende Unternehmensprozesse.

Komplexität der Dienstleistungen

B2C

B2C Plattformen bieten in der Regel eine breite Palette von Produkten oder Dienstleistungen an, die einfach und intuitiv zugänglich sein müssen. Die Interaktion ist oft transaktionsorientiert und erfordert eine reibungslose Benutzererfahrung.

B2B

B2B Plattformen können eine größere Komplexität aufweisen, da sie häufig maßgeschneiderte Lösungen für spezifische Geschäftsanforderungen bereitstellen. Die Dienstleistungen können technischer sein und eine tiefere Integration in die Geschäftsabläufe erfordern.

Personalisierung und Individualisierung

B2C

Personalisierung spielt eine entscheidende Rolle in B2C-DSP, um die Bedürfnisse der Verbraucher besser zu verstehen und ihnen maßgeschneiderte Angebote zu präsentieren. Dies umfasst häufig Empfehlungssysteme, personalisierte Inhalte und maßgeschneiderte Benutzererfahrungen.

B2B

In B2B-DSP ist die Individualisierung oft wichtiger als die Personalisierung. Unternehmen haben spezifische Anforderungen und erwarten eine maßgeschneiderte Lösung, die ihren geschäftlichen Bedürfnissen entspricht. Dies erfordert eine enge Zusammenarbeit und die Möglichkeit, die Plattform entsprechend anzupassen.

Kaufzyklus und Entscheidungsprozesse

B2C

Der Kaufzyklus in B2C-DSP ist oft kürzer und impulsiver. Verbraucher treffen schnellere Entscheidungen und erwarten eine unkomplizierte Abwicklung von Transaktionen.

B2B

Im B2B-Bereich ist der Kaufzyklus in der Regel länger und komplexer. Die Entscheidungsfindung erfolgt durch mehrere Stakeholder, und die Plattform muss in der Lage sein, komplexe Angebotsanfragen, Vertragsverhandlungen und Bestellprozesse zu unterstützen.

Sicherheitsanforderungen

B2C

Sicherheit ist auch in B2C Plattformen wichtig, insbesondere im Hinblick auf den Schutz von persönlichen Daten und Zahlungsinformationen. Jedoch sind die Sicherheitsanforderungen in der Regel weniger streng als im B2B-Bereich.

B2B

In B2B-Plattformen sind die Sicherheitsanforderungen oft höher, da sensible Geschäftsdaten und vertrauliche Informationen ausgetauscht werden. Die Plattform muss robuste Sicherheitsmaßnahmen implementieren, um Datenschutz und Compliance-Anforderungen zu erfüllen.

Die Unterschiede zwischen B2C- und B2B-Plattformen erfordern eine differenzierte Herangehensweise bei der Entwicklung und Implementierung, um die spezifischen Anforderungen und Erwartungen der jeweiligen Zielgruppen bestmöglich zu erfüllen.

10. Die Architektur einer digitalen Serviceplattform

Die Architektur einer digitalen Serviceplattform bildet das Fundament für ihre Funktionalität und Leistungsfähigkeit. In diesem Kapitel werden die Kernkomponenten und die Struktur einer digitalen Serviceplattform sowie die erforderliche Technologieinfrastruktur näher beleuchtet.

Kernkomponenten einer Digitalen Serviceplattform

Eine digitale Serviceplattform besteht aus mehreren Kernkomponenten, die zusammenarbeiten, um eine nahtlose Bereitstellung von digitalen Dienstleistungen zu ermöglichen. Dazu gehören unter anderem:

- **Benutzerschnittstelle:** Die Schnittstelle, über die Kunden auf die Plattform zugreifen und mit den angebotenen Dienstleistungen interagieren können. Ziel muss es sein, die Hürde für den Benutzer für den Zugriff auf die Plattform möglichst gering zu halten. Im Idealfall kann er sowohl mit seinem Smartphone, über ein Tablet oder mit seinem Arbeitsplatzrechner auf die Plattform zugreifen.
- **Service-Management:** Das Backend-System, das die Verwaltung und Bereitstellung von Diensten ermöglicht, zum Beispiel Ressourcenplanung, Auftragsabwicklung oder Ticketing.
- **Datenmanagement:** Die Datenbanken und Dateninfrastruktur, die die Speicherung und Verarbeitung von Daten unterstützen, um personalisierte und effektive Dienstleistungen bereitzustellen.
- **Integrationsplattform:** Die Plattform, die die Integration von externen Systemen und Datenquellen ermöglicht, um eine nahtlose Interaktion mit anderen Unternehmenssystemen zu gewährleisten.

In den folgenden Abschnitten gehe ich detailliert auf die genannten Komponenten ein.

Benutzerschnittstelle einer digitalen Serviceplattform

Die Benutzerschnittstelle ist eine der entscheidenden Komponenten einer digitalen Serviceplattform, da sie den direkten Kontakt zwischen Kunden und der Plattform ermöglicht. Diese Schnittstelle ist das Gesicht der Plattform und beeinflusst maßgeblich die Benutzererfahrung und -zufriedenheit. In diesem Kapitel werden die verschiedenen Aspekte der Benutzerschnittstelle beleuchtet und erläutert, wie sie gestaltet werden kann, um eine optimale Interaktion zwischen Benutzer und Plattform zu gewährleisten.

Die Benutzerschnittstelle umfasst eine Vielzahl von Elementen, darunter:

- **Benutzerfreundliches Design:** Die Benutzerschnittstelle sollte benutzerfreundlich gestaltet sein und eine intuitive Navigation ermöglichen. Dies umfasst klare Menüstrukturen, verständliche Beschriftungen und eine konsistente Gestaltung, um die Benutzerorientierung zu erleichtern.

- **Visuelle Gestaltung:** Die visuelle Gestaltung der Benutzerschnittstelle spielt eine wichtige Rolle bei der Schaffung einer positiven Benutzererfahrung. Dies umfasst die Verwendung von ansprechenden Farben, Schriftarten und Bildern, um die Aufmerksamkeit der Benutzer zu gewinnen und das Markenimage zu stärken.

- **Interaktive Elemente:** Interaktive Elemente wie Buttons, Formulare und Schaltflächen sollten klar erkennbar und leicht zu bedienen sein. Dies umfasst auch die Implementierung von Feedbackmechanismen wie Hover-Effekten oder Animationen, um die Benutzerinteraktion zu verbessern.

- **Responsives Design:** Die Benutzerschnittstelle sollte für verschiedene Geräte und Bildschirmgrößen optimiert sein, um eine konsistente Benutzererfahrung auf allen Endgeräten zu gewährleisten. Dies umfasst die Anpassung von Layouts, Schriftgrößen und Bildgrößen, um eine reibungslose Interaktion zu ermöglichen.

- **Barrierefreiheit:** Die Benutzerschnittstelle sollte barrierefrei gestaltet sein und die Bedürfnisse von Benutzern mit unterschiedlichen Fähigkeiten berücksichtigen. Dies umfasst die Einhaltung von Barrierefreiheitsstandards und die Implementierung von Funktionen wie Bildbeschreibungen oder Tastaturnavigation, um eine inklusive Benutzererfahrung sicherzustellen.

Eine gut gestaltete Benutzerschnittstelle ist entscheidend für den Erfolg einer digitalen Serviceplattform, da sie die Benutzererfahrung maßgeblich beeinflusst und das Markenimage prägt. Indem Unternehmen die Benutzerschnittstelle sorgfältig planen und gestalten, können sie eine positive und ansprechende Benutzererfahrung bieten, die zur Kundenzufriedenheit und -bindung beiträgt.

Service-Management einer digitalen Serviceplattform

Das Service-Management ist eine Kernkomponente einer digitalen Serviceplattform, die die effiziente Verwaltung und Bereitstellung von Dienstleistungen ermöglicht. Diese Komponente umfasst verschiedene Prozesse und Systeme, die es Unternehmen ermöglichen, ihre Dienstleistungen zu planen, zu koordinieren und zu überwachen. In diesem Kapitel werden die wichtigsten Aspekte des Service-Managements beleuchtet und erläutert, wie sie zur Optimierung der Servicebereitstellung beitragen.

Das Service-Management umfasst eine Vielzahl von möglichen Funktionen und Prozessen, darunter:

- **Ressourcenplanung**: Das Service-Management umfasst die Planung und Zuweisung von Ressourcen wie Mitarbeiter, Maschinen und Materialien, um die effektive Bereitstellung von Dienstleistungen sicherzustellen. Dies umfasst die Berücksichtigung von Faktoren wie Verfügbarkeit, Qualifikationen und Kapazitäten, um Engpässe zu vermeiden und die Effizienz zu maximieren.
- **Auftragsabwicklung**: Das Service-Management umfasst die Abwicklung von Kundenanfragen, Bestellungen und Aufträgen, um eine schnelle und reibungslose Servicebereitstellung zu gewährleisten. Dies umfasst die Erfassung von Kundenanfragen, die Zuweisung von Aufträgen an entsprechende Ressourcen und die

Überwachung des Auftragsstatus, um sicherzustellen, dass alle Anforderungen erfüllt werden.

- **Ticketing und Eskalationsmanagement:** Das Service-Management umfasst die Verwaltung von Supportanfragen und Problemmeldungen über ein Ticketing-System, um eine effektive Bearbeitung und Eskalation von Kundenanliegen zu ermöglichen. Dies umfasst die Erfassung von Kundenanfragen, die Priorisierung von Tickets und die Zuweisung von Aufgaben an entsprechende Teams, um eine zeitnahe Lösung sicherzustellen.

- **Leistungsüberwachung und -analyse:** Das Service-Management umfasst die Überwachung und Analyse der Leistung von Dienstleistungen, um die Servicequalität und -effizienz zu bewerten und kontinuierlich zu verbessern. Dies umfasst die Erfassung von Leistungsdaten, die Analyse von Kennzahlen und die Identifizierung von Verbesserungspotenzialen, um die Kundenzufriedenheit zu steigern und die betriebliche Leistung zu optimieren.

Eine effektive Service-Management-Komponente ist entscheidend für den Erfolg einer digitalen Serviceplattform, da sie die Grundlage für eine effiziente und kundenorientierte Servicebereitstellung bildet. Indem Unternehmen das Service-Management sorgfältig planen und implementieren, können sie ihre Servicequalität verbessern, Kundenbedürfnisse effektiv erfüllen und Wettbewerbsvorteile erzielen.

Datenmanagement einer digitalen Serviceplattform

Das Datenmanagement ist eine wesentliche Komponente einer digitalen Serviceplattform, da es die Speicherung, Verarbeitung und Nutzung von Daten unterstützt, um personalisierte und effektive Dienstleistungen bereitzustellen. Diese Komponente umfasst Datenbanken, Dateninfrastrukturen und Analysetools, die es Unternehmen ermöglichen, Daten effizient zu verwalten und zu nutzen.

Das Datenmanagement umfasst eine Reihe von Funktionen und Prozessen, darunter:

- **Datenbankmanagement:** Das Datenmanagement umfasst die Verwaltung von Datenbanken, die Speicherung und Organisation von Daten, um eine effiziente Datenverarbeitung und -abfrage zu ermöglichen. Dies umfasst die Erstellung und Wartung von Datenbanken, die Definition von Datenstrukturen und die Implementierung von Sicherheitsmaßnahmen, um die Integrität und Vertraulichkeit der Daten zu gewährleisten.

- **Datenintegration und -verarbeitung:** Das Datenmanagement umfasst die Integration von Daten aus verschiedenen Quellen und Systemen, um eine ganzheitliche Sicht auf die Daten zu ermöglichen. Dies umfasst die Extraktion, Transformation und Laden (ETL) von Daten, um sie für Analysen und Berichte vorzubereiten, sowie die Implementierung von Datenpipelines und -workflows, um Daten in Echtzeit zu verarbeiten.

- **Datenanalyse und -auswertung:** Dies umfasst die Analyse und Auswertung von Daten, um Einblicke und Erkenntnisse zu gewinnen, die zur Optimierung von Dienstleistungen genutzt werden können. Dies schließt die Verwendung von Datenanalysetools und -techniken wie Data Mining, Machine Learning und Predictive Analytics, um Muster, Trends und Zusammenhänge in den Daten zu identifizieren mit ein.

- **Datenschutz und -sicherheit:** Das Datenmanagement enthält auch den Schutz und die Sicherheit von Daten, um die Vertraulichkeit, Integrität und Verfügbarkeit der Daten zu gewährleisten. Dies beinhaltet die Implementierung von Zugriffskontrollen, Verschlüsselungstechnologien und Überwachungsmechanismen, um unbefugten Zugriff und Datenverlust zu verhindern.

Eine effektive Datenmanagement-Komponente ist entscheidend für den Erfolg einer digitalen Serviceplattform, da sie die Grundlage für eine datengesteuerte Entscheidungsfindung und personalisierte Dienstleistungen bildet. Indem Unternehmen das Datenmanagement sorgfältig planen und implementieren, können sie die Qualität ihrer Dienstleistungen verbessern, Kundenbedürfnisse besser verstehen und Wettbewerbsvorteile erzielen.

Integrationsplattform einer digitalen Serviceplattform

Die Integrationsplattform ist eine wesentliche Komponente einer digitalen Serviceplattform, die die nahtlose Integration von externen Systemen und Datenquellen ermöglicht, um eine ganzheitliche Sicht auf die Daten zu gewährleisten. Diese Komponente umfasst Middleware, APIs und Datenkonvertierungswerkzeuge, die es Unternehmen ermöglichen, verschiedene Systeme und Anwendungen miteinander zu verbinden und Daten auszutauschen. In diesem Kapitel werden die verschiedenen Aspekte der Integrationsplattform beleuchtet und erläutert, wie sie zur Optimierung der Servicebereitstellung beitragen.

Die Integrationsplattform umfasst eine Vielzahl von Funktionen und Technologien, darunter:

- **API-Management:**
  Die Integrationsplattform umfasst das Management von APIs, um eine standardisierte Schnittstelle für die Kommunikation zwischen verschiedenen Systemen bereitzustellen. Dies umfasst die Erstellung, Bereitstellung und Verwaltung von APIs, die es Anwendungen ermöglichen, auf Daten und Funktionen zuzugreifen und sie zu nutzen.
- **Datenkonvertierung und -transformation:** Die Integrationsplattform umfasst Werkzeuge und Technologien zur Datenkonvertierung und -transformation, um Daten aus verschiedenen Quellen und Formaten zu harmonisieren und zu vereinheitlichen. Dies umfasst die Konvertierung von Daten zwischen unterschiedlichen Datenbanken, Dateiformaten und Protokollen, um eine nahtlose Integration zu ermöglichen.
- **Echtzeit-Datenstromverarbeitung:**
  Die Integrationsplattform umfasst die Verarbeitung von Echtzeit-Datenströmen, um Daten in Echtzeit zu erfassen, zu verarbeiten und zu analysieren. Dies umfasst die Implementierung von

Stream-Processing-Technologien und -Plattformen, die es Unternehmen ermöglichen, Daten in Echtzeit zu verarbeiten und darauf zu reagieren.

- **Legacy-Systemintegration:**
  Die Integrationsplattform umfasst auch die Integration von Legacy-Systemen und -Anwendungen, um vorhandene Investitionen zu schützen und eine nahtlose Migration zu ermöglichen. Dies umfasst die Implementierung von Schnittstellen und Konnektoren, die es Legacy-Systemen ermöglichen, mit modernen Anwendungen und Plattformen zu kommunizieren.

Eine effektive Integrationsplattform ist entscheidend für den Erfolg einer digitalen Serviceplattform, da sie die nahtlose Interaktion mit externen Systemen und Datenquellen ermöglicht. Indem Unternehmen die Integrationsplattform sorgfältig planen und implementieren, können sie ihre Servicebereitstellung optimieren, die Effizienz verbessern und die Kundenzufriedenheit steigern.

Technologien und Infrastruktur für eine effektive Plattform

Für eine effektive digitale Serviceplattform sind eine robuste Technologieinfrastruktur und geeignete Technologien unerlässlich. Dies beinhaltet unter anderem:

- **Cloud Computing:** Die Nutzung von Cloud-Diensten für die Skalierbarkeit, Flexibilität und Zuverlässigkeit der Plattform.
- **API-Management:** Die Verwaltung von Schnittstellen und die Bereitstellung von APIs, um die Interoperabilität und Integration mit anderen Systemen zu ermöglichen.
- **Datenanalyse und KI:** Die Nutzung von Datenanalyse- und KI-Technologien, um Einblicke zu gewinnen, personalisierte Dienstleistungen anzubieten und Prozesse zu optimieren.
- **Sicherheit:** Die Implementierung von Sicherheitsmaßnahmen und -protokollen, um die Plattform vor Bedrohungen und Angriffen zu schützen.

Eine effektive digitale Serviceplattform erfordert eine durchdachte Architektur und eine solide technologische Basis, um die Anforderungen von Unternehmen und Kunden zu erfüllen und einen Mehrwert zu schaffen.

Im folgenden beschreibe ich die Technologien und die benötigte Infrastruktur detaillierter um Ihnen einen guten Überblick zu geben:

Cloud Computing für digitale Serviceplattformen

Cloud Computing hat sich als entscheidende Technologie für digitale Serviceplattformen etabliert, da es Skalierbarkeit, Flexibilität und Zuverlässigkeit bietet. In diesem Unterkapitel werden die verschiedenen Aspekte von Cloud Computing beleuchtet und erläutert, wie sie zur Optimierung von digitalen Serviceplattformen beitragen.

Cloud Computing umfasst eine Reihe von Elementen, darunter:

- **Infrastruktur as a Service (IaaS):**
  IaaS bietet virtuelle Computerressourcen, Speicher und Netzwerke über das Internet. Unternehmen können diese Ressourcen nach Bedarf skalieren und bezahlen nur für die Ressourcen, die sie tatsächlich nutzen.

- **Platform as a Service (PaaS):**
  PaaS ermöglicht es Unternehmen, Anwendungen zu entwickeln, zu testen und bereitzustellen, ohne sich um die zugrunde liegende Infrastruktur kümmern zu müssen. Dies erleichtert die Entwicklung und Bereitstellung von Anwendungen und beschleunigt die Markteinführung.

- **Software as a Service (SaaS):**
  SaaS bietet Anwendungen und Software über das Internet als Service. Unternehmen können auf diese Anwendungen zugreifen und sie nutzen, ohne sie auf ihren eigenen Computern installieren oder warten zu müssen. Beispiele für SaaS-Anwendungen sind E-Mail, Kundenbeziehungsmanagement (CRM) und Bürosoftware.

Die Vorteile von Cloud Computing für digitale Serviceplattformen sind vielfältig. Dazu gehören:

- **Skalierbarkeit**:
  Cloud Computing ermöglicht es Unternehmen, ihre Ressourcen schnell und einfach zu skalieren, um auf sich ändernde Anforderungen und Lastspitzen zu reagieren.
- **Flexibilität**:
  Cloud Computing bietet Unternehmen die Flexibilität, ihre IT-Ressourcen nach Bedarf anzupassen und zu optimieren, ohne in teure Hardware investieren zu müssen.
- **Zuverlässigkeit**:
  Cloud Computing bietet eine hohe Verfügbarkeit und Ausfallsicherheit, da die Cloud-Anbieter redundante Systeme und Backups verwenden, um Ausfälle zu minimieren.
- **Kosteneffizienz**:
  Cloud Computing ermöglicht es Unternehmen, ihre IT-Kosten zu senken, da sie nur für die Ressourcen bezahlen, die sie tatsächlich nutzen, anstatt teure Hardware und Software zu kaufen und zu warten.

Insgesamt ist Cloud Computing ein wesentlicher Bestandteil von digitalen Serviceplattformen, der es Unternehmen ermöglicht, agil, effizient und kosteneffektiv zu arbeiten.

API-Management für digitale Serviceplattformen

API-Management ist eine entscheidende Komponente von digitalen Serviceplattformen, die es ermöglicht, Schnittstellen zu verwalten und APIs bereitzustellen, um die Interoperabilität und Integration mit anderen Systemen zu ermöglichen. In diesem Abschnitt werden die verschiedenen Aspekte von API-Management beleuchtet und erläutert, wie sie zur Optimierung von digitalen Serviceplattformen beitragen.

API-Management umfasst eine Reihe von Funktionen und Prozessen, darunter:

- **API-Entwicklung und -Bereitstellung:** API-Management umfasst die Entwicklung und Bereitstellung von APIs, die es Anwendungen ermöglichen, auf Daten und Funktionen zuzugreifen und sie zu nutzen. Dies umfasst die Erstellung von APIs, die Definition von Endpunkten und die Implementierung von Authentifizierungs- und Autorisierungsmechanismen, um die Sicherheit zu gewährleisten.

- **API-Verwaltung und -Überwachung:** API-Management umfasst die Verwaltung und Überwachung von APIs, um ihre Leistung, Verfügbarkeit und Sicherheit sicherzustellen. Dies umfasst die Überwachung von API-Aufrufen, die Analyse von API-Verkehrsmustern und die Identifizierung von Engpässen und Problemen, um eine kontinuierliche Verbesserung zu ermöglichen.

- **API-Dokumentation und -Support:** API-Management umfasst auch die Bereitstellung von Dokumentation und Support für APIs, um Entwicklern zu helfen, sie zu verstehen und zu nutzen. Dies umfasst die Erstellung von API-Dokumentation, die Bereitstellung von Entwicklerportalen und die Unterstützung von Entwicklern bei der Integration und Nutzung von APIs.

- **API-Monetarisierung und -Analyse:** API-Management umfasst auch die Monetarisierung und Analyse von APIs, um zusätzliche Einnahmequellen zu erschließen und Einblicke in die Nutzung von APIs zu gewinnen. Dies umfasst die Implementierung von Abrechnungs- und Abonnementmodellen für APIs sowie die Analyse von API-Nutzungsdaten, um Trends und Chancen zu identifizieren.

API-Management ist entscheidend für den Erfolg von digitalen Serviceplattformen, da es die Grundlage für die Interoperabilität und Integration mit anderen Systemen bildet. Indem Unternehmen das API-Management sorgfältig planen und implementieren, können sie ihre Plattformen effektiv erweitern, neue Funktionen hinzufügen und die Nutzung von Diensten maximieren.

Datenanalyse und KI für digitale Serviceplattformen

Datenanalyse und Künstliche Intelligenz (KI) sind wesentliche Bestandteile von digitalen Serviceplattformen, die es Unternehmen ermöglichen, Einblicke zu gewinnen, personalisierte Dienstleistungen anzubieten und Prozesse zu optimieren. In diesem Abschnitt werden die verschiedenen Aspekte von Datenanalyse und KI beleuchtet und erläutert, wie sie zur Optimierung von digitalen Serviceplattformen beitragen.

Datenanalyse umfasst eine Reihe von Techniken und Methoden, darunter:

- **Descriptive Analytics**: Descriptive Analytics umfasst die Analyse von historischen Daten, um Muster, Trends und Zusammenhänge zu identifizieren. Dies umfasst die Verwendung von Techniken wie Datenvisualisierung, Dashboards und Berichten, um Einblicke in die Leistung und Nutzung von Dienstleistungen zu gewinnen.

- **Predictive Analytics**: Predictive Analytics umfasst die Vorhersage zukünftiger Ereignisse und Trends auf Basis von historischen Daten und statistischen Modellen. Dies umfasst die Verwendung von Techniken wie Regressionsanalyse, Zeitreihenanalyse und Machine Learning, um Vorhersagen über Kundenverhalten, Nachfrage und Trends zu treffen.

- **Prescriptive Analytics**: Prescriptive Analytics umfasst die Empfehlung von Handlungen und Entscheidungen auf Basis von Datenanalysen und Algorithmen. Dies umfasst die Verwendung von Techniken wie Optimierungsalgorithmen und Entscheidungsunterstützungssystemen, um Handlungsempfehlungen zu generieren und Geschäftsprozesse zu optimieren.

KI umfasst eine Reihe von Technologien und Anwendungen, darunter:

- **Machine Learning:** Machine Learning umfasst die Entwicklung von Algorithmen und Modellen, die es Computern ermöglichen, aus Daten zu lernen und Vorhersagen zu treffen. Dies umfasst die Verwendung von Techniken wie überwachtem Lernen, unüberwachtem Lernen und verstärktem Lernen, um Muster, Trends und Zusammenhänge in den Daten zu identifizieren.

- **Natural Language Processing (NLP):** Natural Language Processing umfasst die Verarbeitung und Analyse von natürlicher Sprache durch Computer. Dies umfasst die Verwendung von Techniken wie Textanalyse, Spracherkennung und Chatbots, um natürliche Sprache zu verstehen, zu verarbeiten und zu generieren.

- **Computer Vision:** Computer Vision umfasst die Verarbeitung und Analyse von visuellen Daten durch Computer. Dies umfasst die Verwendung von Techniken wie Bilderkennung, Objekterkennung und Gesichtserkennung, um visuelle Daten zu verstehen und zu analysieren.

Datenanalyse und KI sind entscheidend für den Erfolg von digitalen Serviceplattformen, da sie es Unternehmen ermöglichen, Einblicke zu gewinnen, personalisierte Dienstleistungen anzubieten und Prozesse zu optimieren. Indem Unternehmen Datenanalyse- und KI-Technologien sorgfältig planen und implementieren, können sie ihre Plattformen effektiv nutzen, um Wettbewerbsvorteile zu erzielen und Kundenbedürfnisse besser zu erfüllen.

Sicherheit für digitale Serviceplattformen

Sicherheit ist von entscheidender Bedeutung für digitale Serviceplattformen, da sie die Plattform vor Bedrohungen und Angriffen schützt und das Vertrauen der Benutzer gewährleistet. In diesem Abschnitt werden die verschiedenen Aspekte von Sicherheit beleuchtet und erläutert, wie sie zur Sicherheit von digitalen Serviceplattformen beitragen.

Sicherheit umfasst eine Reihe von Best Practices und Protokollen, darunter:

- **Zugriffskontrolle:** Zugriffskontrolle umfasst die Verwaltung von Benutzerberechtigungen und Zugriffsrechten, um sicherzustellen, dass nur autorisierte Benutzer auf die Plattform zugreifen und darauf zugreifen können. Dies umfasst die Implementierung von

Mechanismen wie Passwortschutz, Zwei-Faktor-Authentifizierung und Zugriffsbeschränkungen, um unbefugten Zugriff zu verhindern.

- **Verschlüsselung:** Um die Vertraulichkeit und Integrität der Daten zu gewährleisten, ist eine Verschlüsselung von Daten und Kommunikation notwendig. Dies beinhaltet die Implementierung von Verschlüsselungsalgorithmen und -protokollen, um Daten während der Übertragung und Speicherung zu schützen.

- **Überwachung und Alarmierung:**Überwachung und Alarmierung enthalten die kontinuierliche Überwachung von Systemen und Netzwerken auf verdächtige Aktivitäten und Anomalien. Dies schließt die Implementierung von Überwachungstools und -systemen, die frühzeitig auf potenzielle Sicherheitsbedrohungen reagieren und Alarme auslösen, um schnell darauf zu reagieren mit ein.

- **Sicherheitspatches und Updates:** Mit der regelmäßigen Aktualisierung von Software und Systemen können bekannte Sicherheitslücken geschlossen und Schwachstellen behoben werden. Dies enthält die Implementierung von Patch-Management-Systemen und -Richtlinien, um sicherzustellen, dass alle Systeme auf dem neuesten Stand sind und geschützt bleiben.

Datensicherheit ist von entscheidender Bedeutung für den Erfolg von digitalen Serviceplattformen, da sie das Vertrauen der Benutzer gewährleistet und die Integrität und Verfügbarkeit der Plattform sicherstellt. Indem Unternehmen Sicherheitsmaßnahmen und -protokolle sorgfältig planen und implementieren, können sie ihre Plattformen effektiv schützen und die Sicherheit ihrer Benutzer gewährleisten.

11. Implementierung einer digitalen Serviceplattform

Die Implementierung einer digitalen Serviceplattform erfordert eine sorgfältige Planung, strategische Entscheidungen und eine effektive Umsetzung. In diesem Kapitel werden bewährte Strategien für die erfolgreiche Einführung einer digitalen Serviceplattform vorgestellt.

Planung und Strategieentwicklung für die Einführung einer digitalen Serviceplattform

Eine erfolgreiche Implementierung einer digitalen Serviceplattform erfordert eine gründliche Planung und eine klare Strategie. Dazu gehört die Definition von Zielen und Anforderungen, die Analyse der bestehenden Prozesse und Systeme, die Festlegung eines Zeitplans und Budgets sowie die Identifizierung von Schlüsselakteuren und Stakeholdern.

Auswahl geeigneter Technologien und Anbieter

Die Auswahl geeigneter Technologien und Anbieter ist ein entscheidender Schritt bei der Implementierung einer digitalen Serviceplattform. Unternehmen sollten die verschiedenen Optionen sorgfältig prüfen und Anbieter auswählen, die ihre spezifischen Anforderungen am besten erfüllen können. Dies beinhaltet die Evaluierung von Lösungskonzepten, die Berücksichtigung von Integrationsmöglichkeiten und die Überprüfung von Referenzen und Erfahrungen anderer Kunden.

Best Practices für eine erfolgreiche Implementierung

Es gibt eine Reihe bewährter Praktiken, die Unternehmen bei der Implementierung einer digitalen Serviceplattform beachten sollten. Dazu gehört die Einbindung aller relevanten Abteilungen und Mitarbeiter, die Schulung der Mitarbeiter, die kontinuierliche Überwachung und Optimierung der Plattform sowie die Einbeziehung von Kundenfeedback und -erfahrungen in den Implementierungsprozess.

Eine erfolgreiche Implementierung einer digitalen Serviceplattform erfordert eine umfassende Planung, eine sorgfältige Auswahl von Technologien und Anbietern sowie die Einhaltung bewährter Praktiken während des gesamten Implementierungsprozesses. Indem Unternehmen diese Schritte gezielt angehen, können sie sicherstellen, dass ihre digitale Serviceplattform erfolgreich eingeführt und genutzt wird, um einen Mehrwert für ihr Unternehmen zu schaffen.

Agile Entwicklung von digitalen Serviceplattformen

Die agile Entwicklungsmethode hat sich als äußerst effektiv erwiesen, um komplexe Projekte erfolgreich umzusetzen, insbesondere im Bereich der Softwareentwicklung. In diesem Kapitel werden die Grundprinzipien agiler Entwicklungsmethoden vorgestellt und wie sie speziell auf die Implementierung von digitalen Serviceplattformen angewendet werden können.

Die Vorteile der Agilen Softwareentwicklung für digitale Serviceplattformen

Die agile Softwareentwicklung hat sich als eine äußerst effektive Methode für die Entwicklung von digitalen Serviceplattformen erwiesen. Im Gegensatz zu traditionellen, wasserfallartigen Entwicklungsansätzen bietet die Agile Methode eine Reihe von Vorteilen, die speziell für die Anforderungen und Herausforderungen von Digitalen Serviceplattformen relevant sind. In diesem Kapitel werden die Vorteile der agilen Softwareentwicklung im Vergleich zu anderen Projektmethoden beleuchtet und erläutert, wie sie zur Optimierung von digitalen Serviceplattformen beitragen.

Die Vorteile der agilen Softwareentwicklung sind vielfältig:

- **Flexibilität und Anpassungsfähigkeit**: Agile Methoden ermöglichen es Entwicklungsteams, flexibel auf sich ändernde Anforderungen und Kundenbedürfnisse zu reagieren. Durch regelmäßige Überprüfungen und Iterationen können Anpassungen und Verbesserungen schnell umgesetzt werden, was es Unternehmen ermöglicht, sich schnell an Marktveränderungen anzupassen und Wettbewerbsvorteile zu erzielen.
- **Kundenzentrierung**: Agile Methoden legen einen starken Fokus auf die Zusammenarbeit mit Kunden und Stakeholdern, um

sicherzustellen, dass die entwickelten Lösungen ihren Anforderungen und Erwartungen entsprechen. Durch regelmäßige Feedbackschleifen und iterative Entwicklung können Kundenwünsche frühzeitig erkannt und umgesetzt werden, was zu einer höheren Kundenzufriedenheit und -bindung führt.

- **Schnellere Markteinführung**: Agile Methoden ermöglichen es Entwicklungsteams, schnell neue Funktionen und Dienstleistungen zu entwickeln und auf den Markt zu bringen. Durch kurze Entwicklungszyklen und kontinuierliche Lieferung können Unternehmen schnell auf neue Marktanforderungen reagieren und innovative Lösungen einführen, um ihre Wettbewerbsposition zu stärken und Marktanteile zu gewinnen.

- **Risikominimierung**: Agile Methoden ermöglichen es Entwicklungsteams, Risiken frühzeitig zu erkennen und zu minimieren, indem sie kleine, inkrementelle Änderungen vornehmen und diese schnell validieren. Durch regelmäßige Tests und Feedbackschleifen können potenzielle Probleme rechtzeitig identifiziert und behoben werden, was zu einer höheren Qualität und Zuverlässigkeit der entwickelten Lösungen führt.

Im Vergleich zu traditionellen, wasserfallartigen Entwicklungsansätzen bietet die agile Softwareentwicklung eine Reihe von Vorteilen, die speziell für die Anforderungen und Herausforderungen von digitalen Serviceplattformen relevant sind. Indem Unternehmen die agilen Methoden sorgfältig planen und implementieren, können sie ihre Entwicklungsprozesse optimieren, die Qualität ihrer Lösungen verbessern und ihre Wettbewerbsfähigkeit stärken.

Grundprinzipien der agilen Entwicklung

Agile Entwicklungsmethoden basieren auf vier grundlegenden Prinzipien:

1. Individuen und Interaktionen über Prozesse und Werkzeuge
2. Funktionierende Software über umfassende Dokumentation
3. Zusammenarbeit mit dem Kunden über Vertragsverhandlungen

4. Reaktion auf Veränderungen über das Befolgen eines Plans

Diese Prinzipien betonen die Zusammenarbeit, Flexibilität und Anpassungsfähigkeit während des gesamten Entwicklungsprozesses.

Anwendung agiler Methoden auf die Entwicklung von digitalen Serviceplattformen

Die Entwicklung von digitalen Serviceplattformen kann von agilen Methoden stark profitieren. Durch die iterative und inkrementelle Entwicklung können Unternehmen schnell auf Kundenfeedback reagieren und die Plattform schrittweise verbessern. Dies ermöglicht es Unternehmen, frühzeitig ein funktionsfähiges Produkt auf den Markt zu bringen und kontinuierlich neue Funktionen und Verbesserungen einzuführen.

Schlüsselaspekte der agilen Entwicklung von digitalen Serviceplattformen

Einige Schlüsselaspekte der agilen Entwicklung von digitalen Serviceplattformen umfassen:

- Kontinuierliche Anpassung an Kundenfeedback und Marktanforderungen
- Schnelle und iterative Entwicklung von neuen Funktionen und Services
- Transparente Kommunikation und enge Zusammenarbeit zwischen den Teams
- Flexibilität, um sich an sich ändernde Anforderungen anzupassen und Prioritäten neu zu bewerten

Für uns als WOGRA AG ist die Anwendung agiler Entwicklungsmethoden der effizienteste Weg, um unsere digitale Serviceplattform erfolgreich zu entwickeln und kontinuierlich zu verbessern.

Durch die Anwendung agiler Entwicklungsmethoden können Unternehmen ihre digitale Serviceplattform effizienter entwickeln, schneller auf

Veränderungen reagieren und letztendlich ein besseres Endprodukt liefern.

Schlüsselrollen für den Erfolg von Projekten mit agiler Softwareentwicklung

Der Erfolg von Projekten mit agiler Softwareentwicklung hängt maßgeblich von den Fähigkeiten und dem Engagement der Teammitglieder ab. Es gibt bestimmte Schlüsselrollen, die in einem agilen Entwicklungsteam unverzichtbar sind, um sicherzustellen, dass das Projekt effektiv und effizient umgesetzt wird. In diesem Kapitel werden die wichtigsten Rollen für den Erfolg von Projekten mit agiler Softwareentwicklung beschrieben und erläutert, welche Aufgaben und Verantwortlichkeiten sie haben.

1. **Product Owner (PO):** Der Product Owner ist für die Maximierung des Wertes des Produkts und die Effektivität des Entwicklungsteams verantwortlich. Ihre Hauptaufgabe besteht darin, die Anforderungen des Kunden zu verstehen und sie in Form von User Stories und Product Backlog Items zu dokumentieren. Der Product Owner priorisiert auch die Backlog-Elemente basierend auf dem geschätzten Wert und der Komplexität.

2. **Scrum Master:** Der Scrum Master ist für die Förderung und Umsetzung von agilen Praktiken im Entwicklungsteam verantwortlich. Sie helfen dem Team, Hindernisse zu beseitigen, den agilen Prozess zu optimieren und die Kommunikation zwischen den Teammitgliedern zu verbessern. Der Scrum Master unterstützt auch den Product Owner bei der Verwaltung des Product Backlogs und der Organisation der Sprint-Planung, -Durchführung und -Überprüfung.

3. **Entwicklungsteam:** Das Entwicklungsteam besteht aus den Personen, die das Produkt tatsächlich entwickeln und liefern. Es umfasst Softwareentwickler, Tester, Designer und andere Fachleute, die zusammenarbeiten, um die Anforderungen des Kunden zu erfüllen und hochwertige Softwareprodukte zu liefern. Das Entwicklungsteam ist selbstorganisiert und trägt die Verantwortung für

die Planung, Umsetzung und Lieferung von Arbeitsaufträgen während eines Sprints.

4. **Stakeholder:** Stakeholder sind Personen oder Gruppen, die ein Interesse am Projekt haben oder von dessen Ergebnissen betroffen sind. Dies können Kunden, Anwender, Manager, Marketingexperten oder andere interessierte Parteien sein. Die Stakeholder sind entscheidend für den Erfolg des Projekts, da sie Feedback und Input liefern, um sicherzustellen, dass das Produkt ihren Anforderungen und Erwartungen entspricht.

5. **Agile Coach (optional):** Ein Agile Coach ist ein erfahrener Fachmann, der das Entwicklungsteam und die Organisation bei der Einführung und Optimierung agiler Praktiken unterstützt. Sie bieten Schulungen, Beratung und Coaching, um sicherzustellen, dass das Team die agilen Werte und Prinzipien effektiv umsetzt und kontinuierlich verbessert.

6. **Product Manager (optional):** Der Product Manager arbeitet eng mit dem Product Owner zusammen, um die strategische Ausrichtung des Produkts zu definieren und sicherzustellen, dass es die Geschäftsziele und -anforderungen erfüllt. Sie sind verantwortlich für die Marktanalyse, Wettbewerbsanalyse und Strategie, um sicherzustellen, dass die digitale Serviceplattform erfolgreich positioniert ist.

Indem jedes Teammitglied seine Rolle effektiv ausführt und eng mit den anderen zusammenarbeitet, kann ein agiles Entwicklungsteam erfolgreiche Projekte liefern und den Wert für den Kunden maximieren. Die klare Definition und Abgrenzung der Rollen sowie eine offene und transparente Kommunikation sind entscheidend für den Erfolg von Projekten mit agiler Softwareentwicklung.

Vor- und Nachteile des Product Owners auf der Kunden- und Lieferantenseite

Die Rolle des Product Owners ist von entscheidender Bedeutung für den Erfolg von Projekten mit agiler Softwareentwicklung. Dabei kann die

Position des Product Owners entweder auf der Kundenseite oder auf der Lieferantenseite eingenommen werden, wobei jede Variante ihre eigenen Vor- und Nachteile birgt. In diesem Abschnitt werden wir die Vor- und Nachteile eines Product Owners auf der Kunden- und Lieferantenseite gegenüberstellen, um ein umfassendes Verständnis für die Herausforderungen und Möglichkeiten zu entwickeln, die mit jeder Variante verbunden sind.

Anforderungen an einen Product Owner

Der Product Owner spielt eine entscheidende Rolle in agilen Entwicklungsteams und ist für den Erfolg des Projekts maßgeblich verantwortlich. Um diese Rolle effektiv ausfüllen zu können, muss der Product Owner über bestimmte Fähigkeiten, Eigenschaften und Kenntnisse verfügen. In diesem Kapitel werden die wichtigsten Anforderungen an einen Product Owner beschrieben, die erforderlich sind, um erfolgreich zu sein.

1. **Geschäfts- und Domänenwissen:** Der Product Owner sollte ein tiefes Verständnis für das Geschäft und die Domäne haben, in der das Produkt entwickelt wird. Dies umfasst Kenntnisse über die Branche, die Kundenbedürfnisse, die Wettbewerbssituation und die geschäftlichen Ziele des Unternehmens.

2. **Kommunikationsfähigkeiten:** Der Product Owner muss über ausgezeichnete Kommunikationsfähigkeiten verfügen, um effektiv mit allen Stakeholdern zu interagieren. Dies beinhaltet die Fähigkeit, klar zu kommunizieren, Anforderungen zu erklären, Feedback zu geben und zu empfangen sowie Konflikte zu lösen.

3. **Priorisierungsfähigkeiten:** Der Product Owner ist dafür verantwortlich, das Product Backlog zu priorisieren und sicherzustellen, dass die wertvollsten und wichtigsten Anforderungen zuerst umgesetzt werden. Hierfür benötigt er die Fähigkeit, die Bedürfnisse des Kunden zu verstehen und zu bewerten sowie die geschäftlichen Ziele des Unternehmens zu berücksichtigen.

4. **Entscheidungsfähigkeit:** Der Product Owner muss in der Lage sein, schnelle und fundierte Entscheidungen zu treffen, um den

Entwicklungsprozess voranzutreiben und Hindernisse zu beseitigen. Dies erfordert ein hohes Maß an Selbstvertrauen, Risikobereitschaft und Urteilsvermögen.

5. **Kundenorientierung:** Der Product Owner sollte stets die Bedürfnisse und Erwartungen des Kunden im Blick behalten und sicherstellen, dass das entwickelte Produkt einen Mehrwert bietet und die Anforderungen des Kunden erfüllt. Dies erfordert eine starke Kundenorientierung und Empathie für die Bedürfnisse der Benutzer.

6. **Teamfähigkeit:** Der Product Owner arbeitet eng mit dem Entwicklungsteam zusammen und muss daher über gute Teamfähigkeiten verfügen. Dies beinhaltet die Fähigkeit, effektiv zu delegieren, Feedback zu geben und zu empfangen, Konflikte zu lösen und gemeinsam mit dem Team Lösungen zu erarbeiten.

7. **Kontinuierliches Lernen:** Der Product Owner sollte offen für neues Wissen und kontinuierliches Lernen sein, um mit den sich ständig ändernden Anforderungen des Marktes und der Technologie Schritt zu halten. Dies umfasst die Bereitschaft, Feedback anzunehmen, Fehler zu akzeptieren und sich weiterzuentwickeln.

Zusammenfassung:

Ein erfolgreicher Product Owner vereint eine Vielzahl von Fähigkeiten, Eigenschaften und Kenntnissen, um die Anforderungen des Kunden zu verstehen, effektiv zu kommunizieren, das Entwicklungsteam zu leiten und den Erfolg des Projekts sicherzustellen. Indem er diese Anforderungen erfüllt, kann der Product Owner dazu beitragen, dass das Projekt erfolgreich abgeschlossen wird und die Erwartungen der Stakeholder erfüllt werden.

Product Owner auf der Kundenseite

Den Product Owner auf Kundenseite zu haben bedeutet, dass diese Person direkt beim Kunden arbeitet und dessen Bedürfnisse, Anforderungen und Erwartungen repräsentiert. Der Product Owner auf Kundenseite fungiert als Bindeglied zwischen dem Entwicklungsteam und dem Kunden, indem er die Anforderungen des Kunden klar definiert, priorisiert und kontinuierlich validiert. Diese Position ermöglicht es dem Unternehmen, ein Produkt zu entwickeln, das den Bedürfnissen und Erwartungen des Kunden entspricht und einen Mehrwert bietet, indem es direkten Zugang zu Kundenfeedback und -anforderungen bietet.

Vorteile:

1. **Kundennähe:** Der Product Owner auf der Kundenseite hat direkten Zugang zu den Bedürfnissen und Anforderungen des Kunden. Dadurch kann er sicherstellen, dass das entwickelte Produkt die Erwartungen des Kunden erfüllt und einen Mehrwert bietet.
2. **Schnelle Entscheidungen:** Da der Product Owner direkt beim Kunden arbeitet, kann er Entscheidungen schnell treffen und Änderungen am Produkt umsetzen, ohne lange Genehmigungsprozesse durchlaufen zu müssen.
3. **Klarheit bei Anforderungen:** Der Product Owner auf der Kundenseite hat ein klares Verständnis für die geschäftlichen Ziele und Anforderungen des Kunden. Dies ermöglicht es ihm, klare und präzise Anforderungen zu formulieren und dem Entwicklungsteam zur Verfügung zu stellen.

Nachteile:

1. **Mangelnde technische Expertise:** Der Product Owner auf der Kundenseite verfügt möglicherweise nicht über das notwendige technische Wissen, um technische Entscheidungen zu treffen oder komplexe technische Probleme zu lösen.
2. **Kommunikationsprobleme:** Da der Product Owner nicht Teil des Entwicklungsteams ist, kann es zu Kommunikationsproblemen kommen, insbesondere wenn die Teammitglieder nicht direkt mit dem Kunden interagieren können.

Product Owner auf der Lieferantenseite

Den Product Owner auf Lieferantenseite zu haben bedeutet, dass diese Person Teil des Entwicklungsteams auf Seiten des Lieferanten ist. Der Product Owner auf Lieferantenseite vertritt trotzdem die Interessen des

Kunden und arbeitet eng mit dem Entwicklungsteam zusammen, um sicherzustellen, dass die Anforderungen des Kunden vollständig verstanden und umgesetzt werden. Diese Position erfordert ein tiefes Verständnis der fachlichen Aspekte des Produkts sowie die Fähigkeit, fundierte Entscheidungen zu treffen. Durch die enge Zusammenarbeit mit dem Entwicklungsteam kann der Product Owner auf Lieferantenseite sicherstellen, dass das entwickelte Produkt den Anforderungen des Kunden entspricht und effektiv umgesetzt wird.

Vorteile:

1. **Technische Expertise:** Ein Product Owner auf der Lieferantenseite verfügt in der Regel über ein tiefes Verständnis der technischen Aspekte des Produkts. Dies ermöglicht es ihm, fundierte technische Entscheidungen zu treffen und das Entwicklungsteam bei der Lösung technischer Probleme zu unterstützen.

2. **Enge Zusammenarbeit mit dem Entwicklungsteam:** Da der Product Owner auf der Lieferantenseite Teil des Entwicklungsteams ist, kann er eng mit den Entwicklern zusammenarbeiten, um sicherzustellen, dass die Anforderungen des Kunden vollständig verstanden und umgesetzt werden.

3. **Bessere Integration:** Ein Product Owner auf der Lieferantenseite kann besser in die internen Prozesse und Abläufe des Lieferanten integriert werden, was die Zusammenarbeit und Koordination zwischen den verschiedenen Teams und Abteilungen verbessern kann.

Nachteile:

1. **Mangelnde Nähe zum Kunden:** Ein Product Owner auf der Lieferantenseite hat möglicherweise weniger direkten Zugang zu den Bedürfnissen und Anforderungen des Kunden. Dies kann dazu führen, dass das entwickelte Produkt nicht vollständig den Erwartungen des Kunden entspricht.

2. **Konflikte mit dem Kunden:** Ein Product Owner auf der Lieferantenseite könnte dazu neigen, die Interessen seines Unternehmens über die des Kunden zu stellen, was zu Konflikten und Spannungen mit dem Kunden führen kann.

3. **Schwierigkeiten bei der Priorisierung:** Da der Product Owner auf der Lieferantenseite möglicherweise nicht direkt mit dem Kunden interagiert, kann es schwieriger sein, die Prioritäten und Anforderungen des Kunden angemessen zu verstehen und zu berücksichtigen.

Fazit:

Unabhängig davon, ob der Product Owner auf der Kundenseite oder auf der Lieferantenseite positioniert ist, gibt es Vor- und Nachteile, die mit jeder Position verbunden sind. Während ein Product Owner auf der Kundenseite direkten Zugang zu den Bedürfnissen und Erwartungen des Kunden hat, kann ein Product Owner auf der Lieferantenseite eng mit dem Entwicklungsteam zusammenarbeiten, um sicherzustellen, dass die Anforderungen des Kunden vollständig verstanden und erfüllt werden.

Jedoch sind die Fähigkeiten und Eigenschaften des Product Owners entscheidend für den Erfolg des Projekts. Ein guter Product Owner muss über ein tiefes Verständnis für das Geschäft, eine starke Kundenorientierung, klare Kommunikationsfähigkeiten, Priorisierungsfähigkeiten, Entscheidungsfähigkeit und Teamfähigkeit verfügen. Durch kontinuierliches Lernen und die Weiterentwicklung dieser Fähigkeiten kann der Product Owner maßgeblich dazu beitragen, dass Projekte erfolgreich umgesetzt und hochwertige Produkte entwickelt werden. Letztendlich sind es die Fähigkeiten des Product Owners, die den Ausschlag für den Erfolg eines Projekts geben, unabhängig von seiner Positionierung auf der Kundenseite oder Lieferantenseite.

12. Projektablauf zur Entwicklung und Einführung einer digitalen Serviceplattform mit agilen Methoden

Die Entwicklung und Einführung einer digitalen Serviceplattform erfordert eine strukturierte Vorgehensweise, um sicherzustellen, dass die Plattform die Anforderungen der Benutzer erfüllt und erfolgreich in Betrieb genommen wird. In diesem Kapitel werde ich den Projektablauf zur Entwicklung und Einführung einer digitalen Serviceplattform auf Basis agiler Methoden beschreiben.

1. Projektinitiierung

- **Identifizierung der Anforderungen:** Klärung der Ziele, Anforderungen und Erwartungen an die digitale Serviceplattform in enger Zusammenarbeit mit den Stakeholdern.
- **Aufbau des Entwicklungsteams:** Zusammenstellung eines multidisziplinären Entwicklungsteams, bestehend aus Designern, Entwicklern, Analysten und anderen relevanten Fachleuten.

2. Agile Planung

- **Backlog-Erstellung:** Erfassung und Priorisierung der Anforderungen in einem Produkt-Backlog, das als Liste von Features, Funktionen und Aufgaben dient.
- **Sprint-Planung:** Aufteilung des Produkt-Backlogs in kleinere Arbeitspakete für einzelne Sprints, typischerweise mit einer Dauer von ein bis vier Wochen.

3. Iterative Entwicklung

- **Sprint-Durchführung:** Umsetzung der geplanten Aufgaben während des Sprints durch das Entwicklungsteam unter Verwendung agiler Methoden wie Scrum oder Kanban.
- **Tägliche Stand-up-Meetings:** Kurze tägliche Besprechungen, in denen das Entwicklungsteam den Fortschritt, Herausforderungen und nächste Schritte bespricht.

4. Kontinuierliches Feedback

- **Sprint-Reviews:** Regelmäßige Überprüfung und Demonstration der erreichten Ergebnisse am Ende jedes Sprints vor den Stakeholdern, um Feedback zu erhalten und Anpassungen vorzunehmen.
- **Inkrementelle Verbesserungen:** Basierend auf dem Feedback aus den Sprint-Reviews werden kontinuierliche Anpassungen und Verbesserungen am Produkt vorgenommen.

5. Qualitätssicherung und Testing

- **Automatisierte Tests:** Implementierung automatisierter Tests, um die Qualität und Stabilität der digitalen Serviceplattform sicherzustellen und Fehler frühzeitig zu erkennen.
- **Kontinuierliche Integration:** Integrieren neuer Funktionen und Code-Änderungen regelmäßig in das zentrale Codeverwaltungssystem, um Konflikte zu vermeiden und die Gesamtqualität zu verbessern.

6. Bereitstellung und Einführung

- **Deployment-Planung:** Planung und Durchführung der Bereitstellung der fertigen Funktionen digitalen Serviceplattform in der Produktionsumgebung unter Berücksichtigung von Sicherheit, Skalierbarkeit und Verfügbarkeit.
- **Schulung und Support:** Bereitstellung von Schulungen und Unterstützung für Benutzer und Administratoren der digitalen Serviceplattform, um eine reibungslose Einführung und Nutzung sicherzustellen.

7. Monitoring und Optimierung

- **Leistungsüberwachung:** Kontinuierliches Monitoring der Leistung und Nutzung der DSP, um potenzielle Probleme frühzeitig zu erkennen und zu beheben.
- **Feedback-Schleife:** Etablierung einer kontinuierlichen Feedback-Schleife mit den Benutzern, um ihre Erfahrungen und Anregungen zu sammeln und die Plattform kontinuierlich zu optimieren.

Die agile Entwicklungsmethodik ermöglicht es, flexibel auf sich ändernde Anforderungen und Bedürfnisse zu reagieren und eine DSP iterativ und inkrementell zu entwickeln. Durch die enge Zusammenarbeit mit den Stakeholdern und die kontinuierliche Verbesserung wird eine DSP geschaffen, die die Bedürfnisse der Benutzer erfüllt und einen Mehrwert für das Unternehmen schafft.

13. Bedeutung und Vorgehen beim UI/UX Design von digitalen Serviceplattformen

Das UI/UX Design spielt eine entscheidende Rolle bei der Gestaltung einer digitalen Serviceplattform, da es maßgeblich darüber entscheidet, wie Benutzer die Plattform wahrnehmen, nutzen und erleben. In diesem Kapitel werden die Bedeutung von UI/UX Design für den Erfolg einer digitalen Serviceplattform sowie bewährte Vorgehensweisen und Strategien bei der Gestaltung von Benutzeroberflächen und Benutzererfahrungen erläutert.

Die Bedeutung von UI/UX Design für digitale Serviceplattformen

Ein ansprechendes und benutzerfreundliches UI/UX Design ist entscheidend, um die Benutzerakzeptanz und -zufriedenheit einer digitalen Serviceplattform zu gewährleisten. Eine gut gestaltete Benutzeroberfläche (UI) und Benutzererfahrung (UX) erleichtern es den Benutzern, die Plattform zu navigieren, Dienste zu nutzen und ihre Ziele effektiv zu erreichen. Dadurch werden Kundenbindung, Wiederholungskäufe und positive Mundpropaganda gefördert.

Customer Journey Mapping

Die Customer Journey, zu Deutsch Kundenerlebnisreise, beschreibt die Gesamtheit aller Interaktionen, die ein Kunde mit einem Unternehmen hat, von der ersten Kontaktaufnahme bis zum Kauf und darüber hinaus. Das Customer Journey Mapping ist ein Prozess zur Analyse und Optimierung dieser Interaktionen, um ein nahtloses und benutzerzentriertes

Kundenerlebnis zu schaffen. Dieser Abschnitt widmet sich der Erklärung dieses Prozesses.

Schritte beim Customer Journey Mapping

1. **Datensammlung und Forschung**: Zunächst werden Daten über die verschiedenen Touchpoints gesammelt, an denen Kunden mit der digitalen Serviceplattform in Kontakt kommen können. Dies umfasst sowohl Online- als auch Offline-Touchpoints wie Website-Besuche, Social-Media-Interaktionen, E-Mail-Kommunikation und Kundenfeedback.

2. **Identifikation der Kundenpersona**: Basierend auf den gesammelten Daten werden Kundenprofile oder Personas erstellt, die die verschiedenen Arten von Kunden repräsentieren, die die Plattform nutzen. Diese Personas helfen dabei, die Bedürfnisse, Motivationen und Verhaltensweisen der Kunden besser zu verstehen.

3. **Mapping der Customer Journey**: Anhand der gesammelten Daten und Kundenpersonas wird die gesamte Customer Journey visualisiert und dokumentiert. Dabei werden die verschiedenen Touchpoints, Interaktionen und Emotionen der Kunden entlang ihres Weges dargestellt. Dies kann in Form eines Flussdiagramms, einer Zeitachse oder einer Storyboard-Skizze erfolgen.

4. **Analyse und Identifizierung von Pain Points**: Nachdem die Customer Journey visualisiert wurde, werden mögliche Problembereiche oder Pain Points identifiziert, an denen Kunden frustriert oder unzufrieden sein könnten. Dies können lange Ladezeiten, unklare Informationen oder Schwierigkeiten bei der Navigation sein.

5. **Optimierung und Verbesserung**: Basierend auf den identifizierten Pain Points werden Maßnahmen zur Optimierung und Verbesserung der Customer Journey entwickelt. Dies kann die Überarbeitung von Website-Layouts, die Implementierung von Self-Service-Funktionen oder die Schulung von Kundendienstmitarbeitern umfassen.

6. **Implementierung und Testing**: Die vorgeschlagenen Optimierungsmaßnahmen werden implementiert und getestet, um

sicherzustellen, dass sie die gewünschten Ergebnisse liefern. Dabei werden kontinuierlich Daten gesammelt und analysiert, um den Erfolg der Maßnahmen zu überwachen und gegebenenfalls Anpassungen vorzunehmen.

Vorteile des Customer Journey Mapping

- **Besseres Verständnis der Kundenbedürfnisse**: Durch das Customer Journey Mapping erhalten Unternehmen ein detailliertes Verständnis der Bedürfnisse, Motivationen und Verhaltensweisen ihrer Kunden, was es ermöglicht, gezielt auf ihre Anforderungen einzugehen.
- **Optimierung des Kundenerlebnisses**: Durch die Identifizierung und Beseitigung von Pain Points können Unternehmen das Kundenerlebnis verbessern und die Kundenzufriedenheit steigern.
- **Steigerung der Kundenbindung und -loyalität**: Ein nahtloses und benutzerzentriertes Kundenerlebnis trägt dazu bei, die Kundenbindung und -loyalität zu stärken und Kunden langfristig an das Unternehmen zu binden.

Das Customer Journey Mapping ist ein wichtiger Prozess zur Analyse und Optimierung der Interaktionen zwischen Kunden und der digitalen Serviceplattform. Indem Unternehmen die Customer Journey verstehen und gezielt optimieren, können sie ein nahtloses und benutzerzentriertes Kundenerlebnis schaffen, das zu einer höheren Kundenzufriedenheit und -bindung führt.

Vorgehensweise beim UI/UX Design von digitalen Serviceplattformen

Das UI/UX Design einer digitalen Serviceplattform sollte durch eine systematische und iterative Vorgehensweise entwickelt werden. Dies beinhaltet:

7. **Benutzerforschung:** Sammeln von Informationen über die Bedürfnisse, Vorlieben und Verhaltensweisen der Zielbenutzer der Plattform.

8. **Prototyping und Wireframing:** Erstellung von Prototypen und Wireframes, um die Struktur, Navigation und Interaktionen der Plattform zu visualisieren und zu testen.

9. **Usability Testing:** Durchführung von Usability-Tests mit potenziellen Benutzern, um Feedback zu erhalten und das Design iterativ zu verbessern.

10. **Visuelles Design:** Gestaltung von visuellen Elementen wie Farben, Schriftarten und Grafiken, um eine ansprechende und konsistente Benutzeroberfläche zu schaffen.

11. **Implementierung und Integration:** Umsetzung des finalen UI/UX Designs in die Plattform und Integration von Designelementen in die technische Architektur.

Benutzerforschung

Die Benutzerforschung ist ein entscheidender Schritt bei der Entwicklung einer digitalen Serviceplattform, um sicherzustellen, dass das UI/UX Design die Bedürfnisse und Anforderungen der Benutzer effektiv erfüllt. In diesem Abschnitt werde ich die Bedeutung der Benutzerforschung sowie die Erstellung von Personas für das UI/UX Design von digitalen Serviceplattformen erläutern.

Bedeutung der Benutzerforschung:

- **Zielgruppenverständnis:** Die Benutzerforschung hilft dabei, ein tiefes Verständnis für die Zielgruppe der digitalen Serviceplattform zu entwickeln, einschließlich ihrer Bedürfnisse, Vorlieben, Verhaltensweisen und Herausforderungen.

- **Benutzerzentriertes Design:** Durch die Berücksichtigung der Bedürfnisse und Anforderungen der Benutzer können digitalen Serviceplattform benutzerzentriert gestaltet werden, was zu einer verbesserten Benutzererfahrung und höheren Benutzerakzeptanz führt.

- **Identifizierung von Verbesserungspotenzialen:** Die Benutzerforschung ermöglicht es, Schwachstellen in der bestehenden

Benutzererfahrung zu identifizieren und Verbesserungspotenziale für das UI/UX Design aufzudecken.

Erstellung von Personas:

Die Erstellung von Personas ermöglicht es, die Vielfalt der potenziellen Benutzer einer digitalen Serviceplattform besser zu verstehen und zu organisieren. Durch die Erstellung von Personas werden die unterschiedlichen Bedürfnisse, Ziele, Verhaltensweisen und Motivationen der Benutzergruppen repräsentiert. Dies hilft den Entwicklern, Designer und Stakeholdern dabei, sich in die verschiedenen Benutzerperspektiven hineinzuversetzen und die digitale Serviceplattform so zu gestalten, dass sie die Bedürfnisse und Anforderungen einer breiten Palette von Benutzern erfüllt. Personas dienen als Referenzpunkt während des Designprozesses und unterstützen die Entscheidungsfindung, indem sie den Fokus auf die Bedürfnisse der Benutzer lenken und eine benutzerzentrierte Gestaltung ermöglichen.

- **Definition von Personas:** Personas sind fiktive Charaktere, die die unterschiedlichen Benutzergruppen einer digitalen Serviceplattform repräsentieren. Sie helfen dabei, die Bedürfnisse, Ziele, Verhaltensweisen und Motivationen der Benutzer besser zu verstehen.
- **Segmentierung der Zielgruppe:** Basierend auf den Ergebnissen der Benutzerforschung werden die Benutzer in verschiedene Segmente oder Personas gruppiert, die repräsentativ für die Zielgruppe der digitalen Serviceplattform sind.
- **Erstellung von Persona-Profilen:** Für jede Persona werden detaillierte Profile erstellt, die Informationen wie demografische Daten, berufliche Hintergründe, Ziele, Herausforderungen und bevorzugte Interaktionsweisen enthalten.

Methoden der Benutzerforschung:

- **Umfragen und Interviews:** Durchführung von Umfragen und Interviews mit potenziellen Benutzern, um Einblicke in ihre Bedürfnisse, Vorlieben und Herausforderungen zu gewinnen.

- **Beobachtung und Nutzungsanalyse:** Beobachtung des tatsächlichen Verhaltens von Benutzern bei der Nutzung ähnlicher Plattformen sowie Analyse von Nutzungsdaten, um Muster und Trends zu identifizieren.
- **Usability-Tests:** Durchführung von Usability-Tests, um das bestehende UI/UX Design zu evaluieren und Feedback von Benutzern zu erhalten.

Die Anwendung von Benutzerforschungsmethoden und die Erstellung von Personas ermöglichen es, das UI/UX Design einer digitalen Serviceplattform gezielt auf die Bedürfnisse und Anforderungen der Benutzer auszurichten. Dies trägt maßgeblich dazu bei, eine benutzerzentrierte digitalen Serviceplattform zu entwickeln, die eine optimale Benutzererfahrung bietet und somit den Erfolg der Plattform unterstützt.

Prototyping und Wireframing

Prototyping und Wireframing sind entscheidende Schritte bei der Entwicklung digitaler Serviceplattformen, die dazu dienen, die Struktur, Navigation und Interaktionen der Plattform zu visualisieren und zu testen. In diesem Abschnitt werden die Bedeutung dieser beiden Prozesse erläutert und Methoden zur effektiven Umsetzung vorgestellt.

Prototyping ermöglicht es, eine interaktive Version der Plattform zu erstellen, die es den Entwicklern und Designern ermöglicht, das Nutzererlebnis zu simulieren und zu testen. Durch die Erstellung von Prototypen können potenzielle Probleme und Schwachstellen frühzeitig erkannt und behoben werden, noch bevor die eigentliche Entwicklung beginnt.

Wireframing hingegen konzentriert sich auf die Struktur und das Layout der Plattform, ohne sich auf das visuelle Design zu konzentrieren. Wireframes sind eine Art von schematischen Entwürfen, die die Platzierung von Inhalten, Funktionen und Navigationselementen auf der Plattform skizzieren. Sie dienen als Blaupause für die Entwicklung und ermöglichen es, das Layout der Plattform schnell zu iterieren und anzupassen.

Die Verwendung von Prototyping und Wireframing hilft, Missverständnisse zwischen den Projektbeteiligten zu vermeiden und sicherzustellen, dass das endgültige Design den Anforderungen der Benutzer entspricht. Durch den iterativen Prozess des Prototypings und Wireframings können Probleme frühzeitig identifiziert und behoben werden, was letztendlich zu einer besseren Benutzererfahrung und einem erfolgreichen Projekt führt.

Usability Testing

Usability Testing ist ein entscheidender Schritt bei der Entwicklung digitaler Serviceplattformen, der dazu dient, die Benutzerfreundlichkeit der Plattform zu evaluieren und zu verbessern. In diesem Kapitel wird die Bedeutung von Usability Testing erläutert und verschiedene Methoden zur Durchführung effektiver Tests vorgestellt.

Usability Testing ermöglicht es, das Design und die Funktionalität der Plattform aus der Perspektive der Benutzer zu bewerten. Durch die Durchführung von Tests mit potenziellen Benutzern können wertvolle Einblicke gewonnen werden, die dabei helfen, potenzielle Probleme und Schwachstellen zu identifizieren und zu beheben. Usability Testing trägt dazu bei, sicherzustellen, dass die Plattform einfach zu bedienen ist und ein positives Benutzererlebnis bietet.

Es gibt verschiedene Methoden zur Durchführung von Usability Tests, darunter Interviews, Beobachtungen, Protokollierung von Benutzerinteraktionen und Fragebögen. Je nach den spezifischen Anforderungen und Zielen des Projekts können unterschiedliche Testmethoden zum Einsatz kommen. Der Fokus liegt darauf, echte Benutzerfeedbacks zu sammeln und die Benutzererfahrung kontinuierlich zu verbessern.

Die Ergebnisse des Usability Testing dienen als Grundlage für die Iteration und Optimierung des Designs der Plattform. Durch den iterativen Prozess des Usability Testings können potenzielle Probleme frühzeitig erkannt und

behoben werden, was letztendlich zu einer verbesserten Benutzerfreundlichkeit und einer höheren Akzeptanz der Plattform führt.

Visuelles Design

Das visuelle Design spielt eine entscheidende Rolle bei der Entwicklung digitaler Serviceplattformen, da es maßgeblich dazu beiträgt, eine ansprechende und konsistente Benutzeroberfläche zu schaffen. In diesem Kapitel
wird die Bedeutung des visuellen Designs erläutert und verschiedene Aspekte wie Farben, Schriftarten und Grafiken behandelt.

Das visuelle Design ist mehr als nur Ästhetik es geht darum, eine Benutzeroberfläche zu gestalten, die sowohl funktional als auch ästhetisch ansprechend ist. Farben, Schriftarten und Grafiken werden gezielt eingesetzt, um eine visuelle Hierarchie zu schaffen und die Benutzerführung zu
verbessern. Ein konsistentes visuelles Design trägt dazu bei, die Mar-
kenidentität des Unternehmens zu stärken und ein positives Benutzererlebnis zu schaffen.

Bei der Gestaltung des visuellen Designs sollten verschiedene Faktoren berücksichtigt werden, darunter die Zielgruppe der Plattform, die Marken-
richtlinien des Unternehmens und die aktuellen Designtrends. Durch die
sorgfältige Auswahl von Farben, Schriftarten und Grafiken kann eine har-
monische und professionelle Benutzeroberfläche geschaffen werden, die
die Benutzer anspricht und zum Verweilen einlädt.

Das visuelle Design sollte auch auf die Funktionalität und Benutzerfreundlichkeit der Plattform abgestimmt sein. Klare und intuitive Navigationsele-
mente, gut lesbare Texte und ansprechende Grafiken tragen dazu bei, dass
die Benutzer die Plattform effektiv nutzen können und ein positives Benutzererlebnis haben.

Implementierung und Integration

Die Implementierung und Integration des finalen UI/UX Designs ist ein entscheidender Schritt bei der Entwicklung digitaler Serviceplattformen. In
diesem Abschnitt wird die Bedeutung einer reibungslosen Umsetzung des

Designs in die Plattform sowie dessen Integration in die technische Architektur hervorgehoben.

Die Implementierung umfasst die Umsetzung des visuellen Designs und der Interaktionsmuster in den Code der Plattform. Dieser Prozess erfordert eine enge Zusammenarbeit zwischen Designern und Entwicklern, um sicherzustellen, dass das Design korrekt umgesetzt wird und die Plattform wie geplant funktioniert. Dabei ist es wichtig, dass das Design responsive ist und auf verschiedenen Geräten und Bildschirmgrößen konsistent dargestellt wird.

Die Integration bezieht sich auf die Einbindung des Designs in die technische Architektur der Plattform. Dies umfasst die Anpassung und Konfiguration von Backend-Systemen, Datenbanken und externen Schnittstellen, um das Design nahtlos zu integrieren und eine reibungslose Funktionalität sicherzustellen. Dabei müssen auch Aspekte wie Performance, Sicherheit und Skalierbarkeit berücksichtigt werden.

Während der Implementierung und Integration ist es wichtig, regelmäßige Tests durchzuführen, um sicherzustellen, dass das Design korrekt umgesetzt wurde und die Plattform wie erwartet funktioniert. Dies umfasst sowohl funktionale Tests, um sicherzustellen, dass alle Interaktionen und Funktionalitäten korrekt funktionieren, als auch Tests auf verschiedenen Geräten und Browsern, um sicherzustellen, dass das Design konsistent und benutzerfreundlich ist.

Best Practices beim UI/UX Design

Einige bewährte Praktiken beim UI/UX Design von digitalen Serviceplattformen umfassen:

- Klare und intuitive Navigation
- Konsistente visuelle Gestaltung
- Reaktionsfähiges Design für verschiedene Geräte und Bildschirmgrößen
- Barrierefreiheit für alle Benutzergruppen

- Kontinuierliche Verbesserung basierend auf Benutzerfeedback und Analyse von Benutzerverhalten

Um die Best Practices im UI/UX Design erfolgreich umzusetzen, ist ein detailliertes und strukturiertes Vorgehen erforderlich. Nachfolgend beschreibe ich das Vorgehen sowie die Schritte, um die genannten Best Practices zu erreichen:

1. **Klare und intuitive Navigation:**
   - Beginnen Sie mit einer gründlichen Analyse der Benutzeranforderungen und -erwartungen, um die Hauptziele der Benutzer zu identifizieren.
   - Entwickeln Sie eine Informationsarchitektur, die die Inhalte und Funktionen der Plattform logisch organisiert und eine einfache Navigation ermöglicht.
   - Verwenden Sie klare Beschriftungen und Symbole für Navigationsmenüs und Schaltflächen, um den Benutzern eine intuitive Orientierung zu bieten.
2. **Konsistente visuelle Gestaltung:**
   - Erstellen Sie Designrichtlinien und Styleguides, die die visuelle Ästhetik und Designelemente wie Farbpalette, Schriftarten und Icons definieren.
   - Stellen Sie sicher, dass das visuelle Design konsistent über alle Seiten und Funktionen der Plattform hinweg ist, um ein einheitliches Benutzererlebnis zu gewährleisten.
   - Vermeiden Sie unnötige visuelle Ablenkungen und halten Sie das Design sauber und minimalistisch, um die Benutzererfahrung zu verbessern.
3. **Reaktionsfähiges Design für verschiedene Geräte und Bildschirmgrößen:**
   - Entwickeln Sie ein responsives Design, das sich automatisch an verschiedene Bildschirmgrößen und Geräte anpasst, einschließlich Desktops, Tablets und Smartphones.

- o Verwenden Sie flexible Layouts, relative Einheiten und Medienabfragen, um sicherzustellen, dass das Design auf allen Geräten optimal dargestellt wird.
- o Testen Sie das Design auf verschiedenen Geräten und Bildschirmgrößen, um sicherzustellen, dass die Benutzererfahrung konsistent und benutzerfreundlich ist.

4. **Barrierefreiheit für alle Benutzergruppen:**
   - o Berücksichtigen Sie die Bedürfnisse von Benutzern mit verschiedenen Einschränkungen wie Sehbehinderungen, motorischen oder kognitiven Beeinträchtigungen.
   - o Verwenden Sie klare Beschriftungen, kontrastreiche Farben und Tastaturzugriff, um die Zugänglichkeit der Plattform für alle Benutzer zu verbessern.
   - o Führen Sie regelmäßige Barrierefreiheitstests durch und beheben Sie identifizierte Probleme, um sicherzustellen, dass die Plattform für alle Benutzer zugänglich ist.

5. **Kontinuierliche Verbesserung basierend auf Benutzerfeedback und Analyse von Benutzerverhalten:**
   - o Implementieren Sie Mechanismen zur Erfassung von Benutzerfeedback, wie Umfragen, Bewertungen oder Feedbackformulare, um Einblicke in die Benutzererfahrung zu erhalten.
   - o Analysieren Sie das Benutzerverhalten mithilfe von Analysetools, um Muster, Trends und Schwachstellen zu identifizieren.
   - o Nutzen Sie diese Erkenntnisse, um kontinuierliche Verbesserungen am Design vorzunehmen, basierend auf den Bedürfnissen und dem Verhalten der Benutzer.

Durch ein strukturiertes Vorgehen und die konsequente Umsetzung dieser Schritte können Unternehmen die genannten Best Practices im UI/UX Design erfolgreich erreichen. Es ist wichtig, dass das Design ständig überwacht, bewertet und verbessert wird, um eine optimale Benutzererfahrung sicherzustellen und langfristigen Erfolg zu gewährleisten.

14. Auswahl der Technologien für die Entwicklung einer digitalen Serviceplattform

Die Auswahl der richtigen Technologien ist ein entscheidender Schritt bei der Entwicklung einer digitalen Serviceplattform. Es existieren allgemeine Kriterien, die unabhängig vom Einsatzgebiet berücksichtigt werden müssen:

1. **Zukunftsfähigkeit:** Die ausgewählte Technologie sollte sich langfristig bewähren und mit den zukünftigen Anforderungen des Unternehmens skalieren können. Es ist wichtig, Trends und Entwicklungen in der Branche zu berücksichtigen, um sicherzustellen, dass die Technologie auch in Zukunft relevant bleibt.
2. **Community und Unterstützung:** Eine aktive Entwickler-Community und umfangreiche Unterstützung durch Hersteller und Entwickler sind wichtige Faktoren bei der Auswahl einer Technologie. Eine lebendige Community kann dazu beitragen, Probleme zu lösen, Best Practices auszutauschen und die Weiterentwicklung der Technologie zu fördern.
3. **Kosten:** Die Kosten für die Implementierung, Wartung und Schulung sollten bei der Auswahl einer Technologie berücksichtigt werden. Es ist wichtig, die Gesamtbetriebskosten zu evaluieren und sicherzustellen, dass die gewählte Technologie kosteneffizient ist und einen positiven Return on Investment (ROI) bietet.
4. **Kompatibilität und Integration:** Die ausgewählte Technologie sollte sich nahtlos in die bestehende IT-Infrastruktur des Unternehmens integrieren lassen und mit anderen Systemen und Plattformen kompatibel sein. Eine gute Integration ermöglicht einen reibungslosen Datenaustausch und eine effiziente Zusammenarbeit zwischen verschiedenen Systemen.
5. **Sicherheit und Compliance:** Sicherheitsaspekte wie Datenverschlüsselung, Zugriffskontrolle und Einhaltung von Datenschutzvorschriften sind entscheidende Kriterien bei der Auswahl einer Technologie. Es ist wichtig, sicherzustellen, dass die gewählte

Technologie robuste Sicherheitsfunktionen bietet und die relevanten Compliance-Anforderungen erfüllt.

6. **Flexibilität und Anpassungsfähigkeit:** Eine flexible und anpassungsfähige Technologie ermöglicht es, auf sich ändernde Anforderungen und Geschäftsanforderungen zu reagieren und die Plattform entsprechend anzupassen. Es ist wichtig, eine Technologie zu wählen, die eine hohe Grad an Flexibilität und Anpassungsfähigkeit bietet, um zukünftige Entwicklungen und Veränderungen zu unterstützen.

Zusätzlich zu den allgemeinen Kriterien für jede Technologiekomponente gibt es weitere spezifische Kriterien, die bei der Technologieauswahl berücksichtigt werden sollten:

Frontend-Technologie

Die Auswahl der Frontend-Technologie sollte aufgrund der folgenden Kriterien erfolgen:

- **Benutzererfahrung (UX):** Berücksichtigen Sie die Anforderungen der Benutzer und wählen Sie eine Technologie aus, die eine intuitive Benutzeroberfläche und eine positive Benutzererfahrung bietet.

- **Skalierbarkeit:** Die gewählte Technologie sollte es ermöglichen, das Frontend der Plattform einfach zu skalieren, um zukünftiges Wachstum und zusätzliche Funktionen zu unterstützen.

- **Entwicklerfreundlichkeit:** Berücksichtigen Sie die Fähigkeiten und Vorlieben Ihres Entwicklungsteams und wählen Sie eine Technologie, die gut dokumentiert ist und über eine aktive Entwickler-Community verfügt.

Backend-Technologie

Bei der Auswahl der Backend-Technologie sollten folgende Faktoren berücksichtigt werden:

- **Skalierbarkeit und Performance:** Wählen Sie eine Technologie, die eine hohe Leistung und Skalierbarkeit bietet, um den Anforderungen einer wachsenden Benutzerbasis gerecht zu werden.
- **Sicherheit:** Sicherheitsaspekte wie Datenverschlüsselung, Zugriffskontrolle und Schutz vor Cyberangriffen sollten bei der Auswahl der Backend-Technologie priorisiert werden.
- **Integration mit anderen Systemen:** Stellen Sie sicher, dass die gewählte Technologie nahtlos mit anderen Systemen und Diensten integriert werden kann, um eine reibungslose Interaktion zwischen verschiedenen Plattformkomponenten zu ermöglichen.

Datenkommunikation

Die Auswahl der Datenkommunikations-Technologie sollte anhand folgender Kriterien erfolgen:

- **Echtzeitkommunikation:** Berücksichtigen Sie die Anforderungen der Plattform an Echtzeitkommunikation und wählen Sie eine Technologie, die schnelle und zuverlässige Datenübertragung ermöglicht.
- **Flexibilität und Skalierbarkeit:** Wählen Sie eine Technologie, die flexibel und skalierbar ist, um unterschiedliche Anforderungen an Datenkommunikation und -verarbeitung zu unterstützen.
- **Protokolle und Standards:** Stellen Sie sicher, dass die gewählte Technologie gängige Protokolle und Standards unterstützt, um die Interoperabilität mit anderen Systemen zu gewährleisten.

Datenhaltung

Bei der Auswahl der Datenhaltungs-Technologie sollten folgende Aspekte berücksichtigt werden:

- **Datenmodell und -struktur:** Wählen Sie eine Datenbanktechnologie, die das Datenmodell und die Struktur der Plattform effektiv unterstützt und eine effiziente Datenverwaltung ermöglicht.

- **Skalierbarkeit und Verfügbarkeit:** Berücksichtigen Sie die Anforderungen an Skalierbarkeit und Verfügbarkeit der Datenbank und wählen Sie eine Technologie, die diese Anforderungen erfüllt.

- **Datensicherheit und Compliance:** Sicherheitsaspekte wie Datenverschlüsselung, Zugriffskontrolle und Einhaltung von Datenschutzvorschriften sollten bei der Auswahl der Datenhaltungs-Technologie priorisiert werden.

Anbindung von Fremdsystemen

Die Auswahl der Technologie für die Anbindung von Fremdsystemen sollte anhand folgender Kriterien erfolgen:

- **Interoperabilität:** Stellen Sie sicher, dass die gewählte Technologie gängige Standards und Protokolle unterstützt, um eine nahtlose Integration mit verschiedenen Systemen und Diensten zu ermöglichen.

- **Flexibilität und Erweiterbarkeit:** Wählen Sie eine Technologie, die flexibel und erweiterbar ist, um zukünftige Anforderungen an die Integration von Fremdsystemen zu unterstützen.

- **Zuverlässigkeit und Performance:** Berücksichtigen Sie die Anforderungen an Zuverlässigkeit und Performance der Systemintegration und wählen Sie eine Technologie, die diese Anforderungen erfüllt und eine reibungslose Interaktion mit anderen Systemen gewährleistet.

Die Auswahl der Technologien sollte sorgfältig erfolgen und sich an den spezifischen Anforderungen und Zielen der digitalen Serviceplattform orientieren. Es ist wichtig, verschiedene Optionen zu evaluieren und sicherzustellen, dass die ausgewählten Technologien die Bedürfnisse des Unternehmens optimal erfüllen.

15. Performance-Optimierung und Skalierbarkeit

Die Leistung und Skalierbarkeit einer digitalen Serviceplattform sind entscheidend für die Zufriedenheit der Benutzer und den Erfolg des Unternehmens. In diesem Kapitel erörtere ich Methoden und Techniken zur Optimierung der Performance und Skalierbarkeit, um eine schnelle und zuverlässige Benutzererfahrung sicherzustellen, auch bei hohem Datenvolumen und hoher Nutzerzahl.

Performance-Optimierung

Die Performance-Optimierung zielt darauf ab, die Reaktionsgeschwindigkeit und Effizienz der Plattform zu verbessern, um ein reibungsloses Benutzererlebnis zu gewährleisten. Hier sind einige bewährte Methoden zur Performance-Optimierung:

- **Code-Optimierung**: Durch die Optimierung des Codes, wie beispielsweise das Reduzieren von redundanten Abfragen und das Verbessern der Algorithmen, kann die Ausführungsgeschwindigkeit der Plattform verbessert werden.
- **Caching**: Die Implementierung von Caching-Mechanismen für häufig abgerufene Daten und Ressourcen kann die Ladezeiten deutlich verkürzen und die Serverlast verringern.
- **Lastverteilung**: Eine intelligente Lastverteilung über mehrere Server oder Rechenzentren kann Engpässe vermeiden und die Gesamtleistung der Plattform verbessern.

Skalierbarkeit

Die Skalierbarkeit einer digitalen Serviceplattform bezieht sich darauf, wie gut sie mit einem wachsenden Benutzeranstieg und steigendem Datenvolumen umgehen kann, ohne dass die Leistung beeinträchtigt wird. Hier sind einige Ansätze zur Verbesserung der Skalierbarkeit:

- **Horizontale Skalierung**: Durch die horizontale Skalierung, also die Hinzufügung weiterer Server oder Ressourcen, kann die Plattform bei Bedarf erweitert werden, um den steigenden Anforderungen gerecht zu werden.

- **Elastische Ressourcenbereitstellung**: Die Nutzung von Cloud-Diensten ermöglicht eine elastische Ressourcenbereitstellung, bei der zusätzliche Ressourcen bei Bedarf automatisch hinzugefügt werden und bei geringerer Auslastung reduziert werden.
- **Microservices-Architektur**: Die Verwendung einer Microservices-Architektur ermöglicht es, verschiedene Komponenten der Plattform unabhängig voneinander zu skalieren, um eine optimale Ressourcennutzung und Leistung zu gewährleisten.

Überwachung und Optimierung

Ein kontinuierliches Monitoring der Plattformleistung ist entscheidend, um Engpässe frühzeitig zu erkennen und entsprechende Optimierungen vorzunehmen. Hierzu gehören:

- **Lasttests**: Durchführung von Lasttests, um das Verhalten der Plattform unter verschiedenen Lastszenarien zu überprüfen und Engpässe zu identifizieren.
- **Echtzeitüberwachung**: Implementierung von Tools zur Echtzeitüberwachung der Plattformleistung, um Performance-Probleme sofort zu erkennen und zu beheben.
- **Regelmäßige Optimierung**: Kontinuierliche Optimierung der Plattform basierend auf den Ergebnissen von Lasttests und Überwachungsdaten, um eine optimale Leistung sicherzustellen.

Die Performance-Optimierung und Skalierbarkeit einer digitalen Serviceplattform sind entscheidend für ein reibungsloses Benutzererlebnis und den langfristigen Erfolg des Unternehmens. Durch die Implementierung von bewährten Methoden und Techniken zur Performance-Optimierung und Skalierbarkeit können Unternehmen sicherstellen, dass ihre Plattform auch bei wachsenden Anforderungen effizient und zuverlässig bleibt.

16. Hosting-Möglichkeiten für digitale Service-plattformen

Digitale Serviceplattformen benötigen eine zuverlässige Infrastruktur, um effizient betrieben zu werden. Die Wahl des Hosting-Ansatzes spielt dabei eine entscheidende Rolle. Im Folgenden werden verschiedene Hosting-Optionen sowie ihre Vor- und Nachteile erläutert:

1. On-Premises Hosting

Vorteile:

- **Kontrolle:** Vollständige Kontrolle über die Hardware, Software und Sicherheitseinstellungen.
- **Anpassungsfähigkeit:** Möglichkeit, die Infrastruktur nach den spezifischen Anforderungen und Bedürfnissen des Unternehmens anzupassen.
- **Datenschutz:** Direkte Kontrolle über die Speicherung und Verarbeitung sensibler Daten.

Nachteile:

- **Hohe Kosten:** Investitionen in Hardware, Software, Wartung und IT-Personal können teuer sein.
- **Skalierbarkeit:** Begrenzte Skalierbarkeit, da zusätzliche Ressourcen physisch bereitgestellt werden müssen.
- **Verwaltungsaufwand:** Erfordert umfassendes IT-Know-how für die Verwaltung und Wartung der Infrastruktur.

2. Cloud Hosting bei einem Cloud-Hyperscaler (PaaS)

Cloud-Hyperscaler sind große Unternehmen (AWS, Microsoft, Google), die eine Cloud-Plattform bereitstellt, auf der Entwickler Anwendungen erstellen, bereitstellen und ausführen können, ohne sich um die zugrunde liegende Infrastruktur kümmern zu müssen. Im Wesentlichen bietet ein PaaS-Anbieter eine vollständig verwaltete Plattform, die alle erforderlichen Ressourcen und Dienste für die Entwicklung und Ausführung von Anwendungen bereitstellt.

Ein PaaS-Anbieter stellt typischerweise eine Reihe von Diensten und Funktionen bereit, darunter:

1. **Entwicklungstools:** Eine PaaS-Plattform bietet Entwicklern eine Reihe von Tools und Frameworks, die sie zur Erstellung von Anwendungen benötigen. Dazu gehören Programmiersprachenunterstützung, SDKs (Software Development Kits), Bibliotheken, Entwicklungsumgebungen und Build-Tools.

2. **Laufzeitumgebung:** Die PaaS-Plattform stellt eine Laufzeitumgebung bereit, in der Anwendungen ausgeführt werden können. Diese Umgebung umfasst typischerweise einen Webserver, eine Datenbank und andere benötigte Softwarekomponenten.

3. **Skalierbarkeit:** PaaS bietet in der Regel automatische Skalierungsfunktionen, mit denen Anwendungen je nach Bedarf horizontal oder vertikal skaliert werden können. Dies ermöglicht es Anwendungen, sich an wechselnde Lastanforderungen anzupassen, ohne manuelle Eingriffe durch den Entwickler.

4. **Datenbanken und Speicher:** PaaS-Plattformen bieten in der Regel verschiedene Datenbank- und Speicheroptionen, die Entwickler für die Persistenz und Verarbeitung von Daten in ihren Anwendungen verwenden können. Dazu gehören relationale Datenbanken, NoSQL-Datenbanken, Dateispeicher und andere Speicherlösungen.

5. **Integration und Bereitstellung:** Ein PaaS-Anbieter stellt in der Regel Tools und Dienste bereit, mit denen Entwickler ihre Anwendungen einfach bereitstellen, verwalten und überwachen können. Dazu gehören Continuous Integration/Continuous Deployment (CI/CD)-Tools, Überwachungsdienste und Logging-Funktionen.

Durch die Nutzung eines PaaS-Anbieters können Entwickler ihre Anwendungen schneller und effizienter erstellen, da sie sich nicht um die Einrichtung und Verwaltung der zugrunde liegenden Infrastruktur kümmern müssen. Stattdessen können sie sich auf die Entwicklung von Anwendungscode und die Bereitstellung von Funktionen konzentrieren, die für ihre Benutzer wichtig sind.

Vorteile:

- Skalierbarkeit: Cloud-Anbieter wie Amazon Web Services (AWS), Microsoft Azure oder Google Cloud Platform bieten hochgradig skalierbare Infrastruktur, die es Unternehmen ermöglicht, Ressourcen bei Bedarf schnell und flexibel zu skalieren.
- Automatisierung: Plattform as a Service (PaaS)-Modelle bieten automatisierte Bereitstellung, Konfiguration und Skalierung von Ressourcen, was die Entwicklung und Bereitstellung von Anwendungen beschleunigt und den Verwaltungsaufwand reduziert.
- Globale Präsenz: Cloud-Anbieter verfügen über ein weltweites Netzwerk von Rechenzentren, das eine schnelle Bereitstellung von Anwendungen und eine hohe Verfügbarkeit ermöglicht.
- Aktualisierungen und Wartung: Cloud-Anbieter sind für die Wartung und Aktualisierung der zugrunde liegenden Infrastruktur verantwortlich, was Unternehmen Zeit und Ressourcen spart.

Nachteile:

- Abhängigkeit vom Anbieter: Unternehmen, die sich für Cloud-Hosting bei einem großen Anbieter entscheiden, sind stark von diesem Anbieter abhängig. Änderungen in den Dienstleistungen oder Preisen des Anbieters können sich negativ auf das Unternehmen auswirken.
- Datensicherheit und Datenschutz: Obwohl Cloud-Anbieter strenge Sicherheitsmaßnahmen implementieren, haben einige Unternehmen Bedenken hinsichtlich der Sicherheit und des Datenschutzes ihrer Daten in der Cloud.
- Mögliche Ausfallzeiten: Obwohl Cloud-Anbieter hohe Verfügbarkeit versprechen, können Ausfallzeiten auftreten, die die Erreichbarkeit der Anwendungen beeinträchtigen können.

- Kosten: Cloud-Hosting kann auf lange Sicht teurer sein, insbesondere wenn die Ressourcennutzung hoch ist und zusätzliche Dienste oder Funktionen benötigt werden.

Cloud Hosting bei einem Rechenzentrumsanbieter in Europa

Ein Cloud-Hosting-Anbieter, ist ein Unternehmen, das Cloud-Infrastrukturdienste in Europa bereitstellt und in der Regel Kubernetes als Teil seines Angebots für Container-Orchestrierung und -verwaltung unterstützt. Diese Anbieter bieten ihren Kunden die Möglichkeit, Kubernetes-Cluster auf ihren Cloud-Plattformen einzurichten und zu betreiben, um Containeranwendungen effizient zu verwalten.

Im Gegensatz zu globalen Cloud-Anbietern wie Amazon Web Services (AWS), Microsoft Azure oder Google Cloud Platform (GCP), die zwar Kubernetes-Dienste anbieten, jedoch hauptsächlich in anderen Regionen wie den USA gehostet werden, konzentrieren sich europäische Cloud-Hosting-Anbieter auf die Bereitstellung von Diensten innerhalb Europas. Dies kann für Unternehmen von Vorteil sein, die aus Compliance- oder Datenschutzgründen eine lokale oder regionale Infrastruktur benötigen.

Einige europäische Cloud-Hosting-Anbieter, können auch spezielle Managed Kubernetes-Services oder Kubernetes-Cluster-as-a-Service anbieten. Diese Dienste können verschiedene Funktionen und Tools für die einfache Bereitstellung, Verwaltung und Skalierung von Kubernetes-Clustern bieten, einschließlich automatischer Aktualisierungen, Sicherheitsfunktionen und Überwachungstools.

Durch die Nutzung eines europäischen Cloud-Hosting-Anbieters können Unternehmen von Vorteilen wie lokaler Datenhaltung, besserer Datenschutz- und Compliance-Konformität sowie einer höheren Geschwindigkeit und geringeren Latenz bei der Datenübertragung profitieren. Diese Anbieter können auch spezialisierte Unterstützung und Dienstleistungen für lokale Märkte und spezifische Anforderungen anbieten.

Vorteile:

- **Datenschutz und Compliance:** Europäische Rechenzentrumsanbieter unterliegen strengen Datenschutzvorschriften wie der Datenschutz-Grundverordnung (DSGVO), was für Unternehmen, die in Europa ansässig sind oder europäische Kunden bedienen, wichtig ist.

- **Lokale Präsenz:** Rechenzentrumsanbieter in Europa bieten lokale Präsenz und unterstützen Unternehmen dabei, Daten näher an ihren Endbenutzern zu speichern und zu verarbeiten, was zu niedrigeren Latenzzeiten und einer besseren Benutzererfahrung führt.

- **Souveränität:** Unternehmen behalten die volle Kontrolle über ihre Daten und können sicherstellen, dass sie den gesetzlichen Anforderungen und Compliance-Richtlinien entsprechen.

- **Kundenservice und Support:** Lokale Rechenzentrumsanbieter bieten in der Regel einen persönlicheren und engagierteren Kundenservice sowie Support in der Landessprache.

Nachteile:

- **Begrenzte Skalierbarkeit:** Im Vergleich zu großen Cloud-Anbietern können lokale Rechenzentrumsanbieter möglicherweise nicht die gleiche Skalierbarkeit und Flexibilität bieten.

- **Potenzielle Komplexität:** Die Einrichtung und Verwaltung von Infrastruktur in einem lokalen Rechenzentrum kann komplexer sein als die Nutzung eines Cloud-Dienstes, insbesondere für kleinere Unternehmen oder Startups.

- **Begrenzte geografische Präsenz:** Lokale Rechenzentrumsanbieter haben möglicherweise nicht die gleiche geografische Präsenz wie große Cloud-Anbieter, was die Bereitstellung und Skalierung von Anwendungen in verschiedenen Regionen erschweren kann.

- **Höhere Anfangsinvestitionen:** Die Einrichtung eines eigenen Rechenzentrums oder die Nutzung der Dienste eines lokalen Anbieters kann mit höheren Anfangsinvestitionen verbunden sein als die Nutzung eines Cloud-Dienstes.

Einsatz eines Kubernetes-Clusters

Ein Kubernetes-Cluster ist eine Sammlung von verteilten Computern, die zusammenarbeiten, um Containeranwendungen mithilfe der Kubernetes-Orchestrierungssoftware zu verwalten. Kubernetes ist eine Open-Source-Plattform, die entwickelt wurde, um die Bereitstellung, Skalierung und Verwaltung von Containeranwendungen in einer dynamischen und automatisierten Weise zu erleichtern.

Ein Kubernetes-Cluster besteht aus mehreren Komponenten:

1. **Master-Node:** Der Master-Node ist für die Steuerung und Verwaltung des Clusters verantwortlich. Er verwaltet den Zustand des Clusters, plant und verteilt Arbeitslasten auf die sogenannten Worker-Nodes und überwacht den Betrieb der Anwendungen.
2. **Worker-Nodes:** Die Worker-Nodes sind die ausführungsstarken Maschinen, auf denen die Containeranwendungen tatsächlich ausgeführt werden. Jeder Worker-Node hostet eine oder mehrere Container und führt die Anweisungen aus, die vom Master-Node verteilt werden.
3. **Kubelet:** Das Kubelet ist ein Agent, der auf jedem Worker-Node läuft und für die Kommunikation mit dem Master-Node verantwortlich ist. Es empfängt Anweisungen vom Master-Node, um Container zu starten, zu stoppen und zu überwachen.
4. **Kubernetes-API:** Die Kubernetes-API ermöglicht die Interaktion zwischen den verschiedenen Komponenten des Clusters sowie die Steuerung und Verwaltung der Anwendungen über Befehlszeilen-werkzeuge oder programmatische Schnittstellen.
5. **etcd**: etcd ist ein verteilter Schlüssel-Wert-Speicher, der zur Speicherung des Zustands des Clusters verwendet wird. Er dient als Datenbank für Konfigurationsinformationen, Dienstentdeckung und andere wichtige Daten des Clusters.

Durch die Verwendung eines Kubernetes-Clusters können Entwickler und DevOps-Teams Containeranwendungen effizient bereitstellen, skalieren und verwalten. Kubernetes bietet Funktionen wie automatische

Lastausgleich, Selbstheilung, horizontale Skalierung und rollende Updates, die die Verwaltung von Anwendungen in einer dynamischen und hochverfügbaren Umgebung erleichtern.

Vorteile:

- **Automatisierung:** Kubernetes automatisiert viele Aspekte der Bereitstellung und Verwaltung von Anwendungen, einschließlich der Lastverteilung, Skalierung und Self-Healing.
- **Skalierbarkeit**: Kubernetes ermöglicht die einfache Skalierung von Anwendungen, indem es automatisch neue Containerinstanzen startet oder herunterfährt, je nach Bedarf.
- **Ausfallsicherheit:** Durch die Verteilung von Anwendungen über mehrere Knoten und Rechenzentren bietet Kubernetes eine hohe Ausfallsicherheit und Verfügbarkeit.
- **Portabilität:** Kubernetes ermöglicht die einfache Portierung von Anwendungen zwischen verschiedenen Umgebungen, einschließlich lokaler Rechenzentren, öffentlicher Clouds und hybrider Umgebungen.

Nachteile:

- **Komplexität:** Die Implementierung und Verwaltung eines Kubernetes-Clusters kann komplex sein und erfordert möglicherweise spezielle Kenntnisse und Ressourcen, um erfolgreich zu sein.
- **Lernkurve:** Für Teams, die neu in der Nutzung von Kubernetes sind, kann es eine steile Lernkurve geben, um die Konzepte und Best Practices zu verstehen und effektiv damit zu arbeiten.
- **Betriebsaufwand:** Die Wartung und Verwaltung eines Kubernetes-Clusters erfordert regelmäßige Aktualisierungen, Überwachung und Fehlerbehebung, was zusätzlichen Betriebsaufwand bedeuten kann.
- **Ressourcenbedarf:** Die Bereitstellung eines Kubernetes-Clusters erfordert die Zuweisung von Ressourcen wie Speicher,

Rechenleistung und Netzwerkbandbreite, die möglicherweise nicht in allen Fällen verfügbar oder kosteneffizient sind.

Die Wahl zwischen On-Premise Hosting, Cloud-Hosting bei einem großen Cloud-Anbieter und einem lokalen Rechenzentrumsanbieter hängt von den individuellen Anforderungen und Prioritäten des Unternehmens ab, einschließlich der Compliance-Anforderungen, geografischen Präferenzen, Budgetbeschränkungen und technischen Erfordernisse. Ein Kubernetes-Cluster bietet unabhängig von der Hosting-Umgebung eine leistungsstarke Plattform für die Bereitstellung und Verwaltung von containerisierten Anwendungen.

17.   Rollout einer Digitalen Serviceplattform

Der Rollout einer digitalen Serviceplattform ist ein entscheidender Schritt, um sicherzustellen, dass die Plattform effektiv genutzt wird und einen Mehrwert für das Unternehmen und die Benutzer bietet. In diesem Kapitel lege ich dar, wie der Rollout einer digitalen Serviceplattform strukturiert werden sollte und wie man Anwender zur Nutzung der Plattform bewegt.

Planung und Vorbereitung

1. **Technische Vorbereitung**: Sicherstellen, dass die Plattform vollständig implementiert, getestet und für den produktiven Einsatz bereit ist. Dies umfasst die Integration mit bestehenden Systemen, die Sicherstellung der Skalierbarkeit und Leistungsfähigkeit sowie die Implementierung von Sicherheitsmaßnahmen.
2. **Schulung und Unterstützung**: Bereitstellung von Schulungen und Unterstützungsmaterialien für die Benutzer, um sie auf die Nutzung der Plattform vorzubereiten und ihnen bei Fragen oder Problemen zu helfen.

Phasenweiser Rollout

1. **Pilotphase**: Starten Sie mit einer kleinen Gruppe von Benutzern, um die Plattform zu testen und Feedback zu sammeln. Dies ermöglicht es, eventuelle Probleme frühzeitig zu identifizieren und zu beheben.
2. **Schrittweiser Rollout**: Führen Sie die Plattform schrittweise für verschiedene Benutzergruppen oder Abteilungen ein, um eine reibungslose Integration und Anpassung zu ermöglichen.
3. **Kommunikation und Marketing**: Kommunizieren Sie klar die Vorteile und den Nutzen der Plattform für die Benutzer und fördern Sie die Nutzung durch gezieltes Marketing und Werbemaßnahmen.

Bewegung der Anwender zur Nutzung der Plattform

1. **Schulungen und Workshops**: Bieten Sie Schulungen und Workshops an, um die Benutzer mit den Funktionen und Möglichkeiten

der Plattform vertraut zu machen und sie zu motivieren, diese zu nutzen.

2. **Belohnungen und Anreize**: Schaffen Sie Anreize wie Belohnungen, Anerkennungen oder Wettbewerbe, um die Benutzer zur Nutzung der Plattform zu motivieren und ihr Engagement zu steigern.

3. **Persönliche Unterstützung**: Bieten Sie persönliche Unterstützung und Beratung für Benutzer an, die Schwierigkeiten beim Umgang mit der Plattform haben, um ihre Hemmschwelle zu senken und ihre Akzeptanz zu erhöhen.

4. **Feedback und Anpassung**: Nehmen Sie Feedback der Benutzer ernst und passen Sie die Plattform kontinuierlich an ihre Bedürfnisse und Anforderungen an, um ihre Zufriedenheit und Nutzungsbereitschaft zu steigern.

Erfolgsmessung und Optimierung

1. **Leistungskennzahlen:** Verwenden Sie vordefinierte Leistungskennzahlen, um den Erfolg der Plattform zu messen und zu bewerten, ob die gesteckten Ziele erreicht wurden.

2. **Kontinuierliche Verbesserung:** Basierend auf den Erfahrungen und dem Feedback der Benutzer optimieren Sie die Plattform kontinuierlich, um ihre Effektivität und Benutzerfreundlichkeit zu verbessern.

3. **Regelmäßige Überprüfung:** Überprüfen Sie regelmäßig den Nutzungsgrad und die Zufriedenheit der Benutzer, um Trends zu identifizieren und entsprechende Maßnahmen zur Optimierung der Plattform zu ergreifen.

Ein strukturierter und durchdachter Rollout-Prozess ist entscheidend für den Erfolg einer digitalen Serviceplattform. Durch gezielte Schulungen, Kommunikation und Anreize können Anwender zur Nutzung der Plattform bewegt werden, während kontinuierliche Verbesserungen und Überwachung den Erfolg langfristig sichern.

18. Change Management

Die erfolgreiche Einführung einer digitalen Serviceplattform erfordert nicht nur technische Kompetenz, sondern auch effektives Change Management, um sicherzustellen, dass die Mitarbeiter im Unternehmen die Veränderungen akzeptieren und unterstützen. Dieses Kapitel bietet einen Überblick über das Change Management.

1. Veränderungen kommunizieren

- **Klare Kommunikation**: Die Vision, Ziele und Vorteile der digitalen Serviceplattform müssen transparent kommuniziert werden, um das Verständnis und die Unterstützung der Mitarbeiter zu gewinnen.

- **Einbindung der Mitarbeiter**: Mitarbeiter sollten frühzeitig in den Prozess eingebunden werden, indem sie über die geplanten Veränderungen informiert werden und die Möglichkeit erhalten, Feedback zu geben und Bedenken zu äußern.

2. Schulung und Training

- **Schulung der Mitarbeiter:** Um sicherzustellen, dass Mitarbeiter die Plattform effektiv nutzen können, sollten Schulungen und Trainings bereitgestellt werden, die sie mit den Funktionen und Arbeitsabläufen vertraut machen.

- **Individuelle Bedürfnisse berücksichtigen:** Unterschiedliche Mitarbeiter haben unterschiedliche Fähigkeiten und Vorkenntnisse im Umgang mit Technologie. Schulungen sollten daher auf die individuellen Bedürfnisse und Lernstile der Mitarbeiter zugeschnitten sein.

3. Einbindung von Stakeholdern

- **Führungskräfte als Vorbilder**: Führungskräfte sollten die Veränderungen aktiv unterstützen und als Vorbilder für die Nutzung der Plattform fungieren, um die Akzeptanz im gesamten Unternehmen zu fördern.

- **Interne Botschafter**: Die Identifizierung und Schulung von internen Botschaftern kann dazu beitragen, Widerstände zu überwinden und die Mitarbeiter zu motivieren, die Plattform anzunehmen.

4. Umgang mit Widerstand

- **Frühzeitige Identifikation von Widerständen**: Es ist wichtig, frühzeitig potenzielle Widerstände zu identifizieren und Strategien zu entwickeln, um ihnen proaktiv zu begegnen.
- **Klärung von Bedenken**: Mitarbeiter sollten die Möglichkeit haben, Bedenken und Ängste zu äußern, und es sollten Mechanismen geschaffen werden, um diese Bedenken ernst zu nehmen und zu adressieren.

5. Kontinuierliche Evaluation und Anpassung

- **Feedbackmechanismen etablieren**: Regelmäßiges Feedback der Mitarbeiter sollte eingeholt werden, um den Fortschritt zu bewerten und die Implementierung der Plattform kontinuierlich zu verbessern.
- **Flexibilität und Anpassungsfähigkeit**: Das Change Management sollte flexibel sein und sich an die sich ändernden Bedürfnisse und Herausforderungen anpassen, um sicherzustellen, dass die Einführung der Plattform erfolgreich ist.

Die effektive Umsetzung eines Change Managements ist entscheidend für den Erfolg der Einführung einer digitalen Serviceplattform. Durch klare Kommunikation, Schulung der Mitarbeiter, Einbindung von Stakeholdern und den angemessenen Umgang mit Widerständen können Unternehmen die Akzeptanz der Plattform sicherstellen und einen reibungslosen Übergang zu neuen Arbeitsabläufen gewährleisten.

19. Partnerschaften und Ökosysteme

Partnerschaften und die Schaffung eines Ökosystems spielen eine entscheidende Rolle bei der Maximierung des Mehrwerts einer digitalen Serviceplattform für alle Beteiligten. Dieses Kapitel beleuchtet die Bedeutung von Partnerschaften und zeigt auf, wie ein erfolgreiches Ökosystem rund um die Plattform geschaffen werden kann.

Die Bedeutung von Partnerschaften

- **Erweiterung des Leistungsspektrums**: Durch Partnerschaften können Unternehmen ihr Leistungsspektrum erweitern, indem sie auf die Ressourcen, Fähigkeiten und Expertise ihrer Partner zugreifen.
- **Innovationsförderung**: Die Zusammenarbeit mit Partnern kann die Innovation vorantreiben, indem sie den Zugang zu neuen Technologien, Märkten und Kunden ermöglicht.
- **Risikominderung**: Partnerschaften können dazu beitragen, Risiken zu mindern, indem sie Ressourcen teilen und die Belastung auf mehrere Schultern verteilen.

Die Schaffung eines Ökosystems

- **Identifizierung relevanter Stakeholder**: Unternehmen sollten relevante Stakeholder identifizieren, die einen Beitrag zum Ökosystem leisten können, darunter Kunden, Lieferanten, Dienstleister, Entwickler und andere Branchenpartner.
- **Schaffung von Anreizen**: Durch die Schaffung von Anreizen wie gemeinsamen Marketingaktionen, Umsatzbeteiligungen oder Zugang zu exklusiven Ressourcen können Unternehmen Partner dazu motivieren, Teil des Ökosystems zu werden.
- **Entwicklung von Integrationsmöglichkeiten**: Unternehmen sollten Integrationsmöglichkeiten schaffen, um die nahtlose Zusammenarbeit und Interoperabilität zwischen den verschiedenen Partnern im Ökosystem zu ermöglichen.

Vorteile eines erfolgreichen Ökosystems

- **Steigerung des Mehrwerts für Kunden**: Ein erfolgreiches Ökosystem kann den Mehrwert für Kunden erhöhen, indem es eine breite Palette von Produkten, Dienstleistungen und Lösungen bietet, die ihre Bedürfnisse umfassend abdecken.
- **Stärkung der Wettbewerbsposition**: Unternehmen, die ein robustes Ökosystem aufbauen, können ihre Wettbewerbsposition stärken, indem sie einen umfassenden Service bieten, der ihre Kundenbindung und -zufriedenheit verbessert.
- **Erschließung neuer Geschäftsmöglichkeiten**: Durch die Zusammenarbeit mit Partnern können Unternehmen neue Geschäftsmöglichkeiten erschließen, indem sie in neue Märkte expandieren oder innovative Lösungen entwickeln, die allein nicht realisierbar wären.

Die Schaffung eines Partnerschaftsnetzwerks und eines robusten Ökosystems ist ein weiterer Baustein für den langfristigen Erfolg einer digitalen Serviceplattform. Durch die Zusammenarbeit mit Partnern können Unternehmen ihren Mehrwert maximieren, ihre Innovationsfähigkeit steigern und ihre Wettbewerbsposition stärken.

20. Schlüsselfaktoren für ein erfolgreiches digital Serviceplattform Projekt

Ein erfolgreiches digitales Serviceplattform Projekt erfordert sorgfältige Planung, strategische Entscheidungen und die richtigen Ressourcen. In diesem Kapitel werden die wesentlichen Elemente beleuchtet, die Unternehmen stellen müssen, um sicherzustellen, dass ihr Projekt erfolgreich ist.

Klare Geschäftsziele und Strategie

Die Definition klarer Geschäftsziele und einer umfassenden Strategie ist der erste Schritt für ein erfolgreiches digitales Serviceplattform Projekt. Das Entwicklerteam muss genau verstehen, welche Ziele das

Unternehmen mit der Plattform erreichen möchten und wie sie dazu beitragen können, die übergeordneten Geschäftsziele des Unternehmens zu unterstützen.

Ressourcen und Budget

Ein ausreichendes Budget und die Bereitstellung der erforderlichen Ressourcen sind entscheidend für den Erfolg eines digitales Serviceplattform Projekts. Dies umfasst finanzielle Mittel, qualifizierter fachlicher Projektleiter und fachliche Ansprechpartner sowie die passende Technologieinfrastruktur.

Klar definierte Anforderungen und Scope

Eine klare Definition der Anforderungen und des Scope des Projekts ist unerlässlich, um sicherzustellen, dass alle Stakeholder ein gemeinsames Verständnis davon haben, was geliefert werden soll. Der fachliche Projektleiter muss sicherstellen, dass die Anforderungen des Projekts genau dokumentiert und mit den Erwartungen der Stakeholder abgestimmt sind.

Effektive Projektorganisation und -führung

Die effektive Organisation und Führung des Projekts ist entscheidend, um sicherzustellen, dass alle Aktivitäten rechtzeitig und im Rahmen des Budgets abgeschlossen werden. Das Unternehmen muss ein starkes Projektmanagement-Team zusammenstellen, klare Rollen und Verantwortlichkeiten festlegen und regelmäßige Fortschrittsüberprüfungen durchführen.

Kontinuierliches Monitoring und Optimierung

Ein erfolgreiches Digital Serviceplattform Projekt endet nicht mit der Implementierung der Plattform, sondern erfordert kontinuierliches Monitoring und Optimierung. Das Unternehmen sollte Mechanismen zur Messung der Leistung der Plattform implementieren, Feedback von Benutzern sammeln und kontinuierlich Verbesserungen vornehmen, um sicherzustellen, dass die Plattform den sich ändernden Anforderungen und Bedürfnissen gerecht wird.

Durch die Bereitstellung dieser Schlüsselkomponenten können Unternehmen sicherstellen, dass ihr digitales Serviceplattform Projekt erfolgreich ist und einen positiven Beitrag zum Geschäftserfolg des Unternehmens leistet.

21.   Kundenservice und Support

Effektiver Kundenservice und Support spielen eine entscheidende Rolle für den Erfolg einer digitalen Serviceplattform. Dieses Kapitel beschäftigt sich mit den Maßnahmen, die ergriffen werden können, um einen herausragenden Kundenservice und Support zu gewährleisten, um eine positive Benutzererfahrung zu fördern und langfristige Kundenbeziehungen aufzubauen.

1. Kundenzentrierte Kommunikation

- **Mehrkanales Supportangebot**: Stellen Sie verschiedene Kommunikationskanäle wie Telefon, E-Mail, Chat und soziale Medien bereit, um den Benutzern vielfältige Möglichkeiten zur Kontaktaufnahme zu bieten.
- **Schnelle Reaktionszeiten**: Bemühen Sie sich um eine schnelle Reaktion auf Kundenanfragen und Probleme, um die Kundenzufriedenheit zu steigern und das Vertrauen in die Plattform zu stärken.

2. Self-Service-Optionen

- **Umfangreiche Wissensdatenbank**: Bieten Sie eine gut organisierte Wissensdatenbank oder ein Hilfezentrum an, in dem Benutzer Antworten auf häufig gestellte Fragen finden und Probleme selbstständig lösen können.
- **Video-Tutorials und Anleitungen**: Erstellen Sie anschauliche Video-Tutorials und Anleitungen, um den Benutzern dabei zu helfen, die Plattform effektiv zu nutzen und häufig auftretende Probleme zu lösen.

3. Schulung und Unterstützung

- **Onboarding-Prozess**: Implementieren Sie einen strukturierten Onboarding-Prozess, um neuen Benutzern dabei zu helfen, sich schnell mit der Plattform vertraut zu machen und ihre Funktionalitäten optimal zu nutzen.

- **Schulungen und Webinare**: Organisieren Sie regelmäßige Schulungen und Webinare, um den Benutzern fortlaufende Unterstützung und Schulung anzubieten und ihnen dabei zu helfen, ihre Fähigkeiten zu verbessern und das volle Potenzial der Plattform auszuschöpfen.

4. Feedback und Verbesserung

- **Feedback-Schleife**: Richten Sie ein strukturiertes Feedback-System ein, um kontinuierlich das Feedback der Benutzer zu sammeln und zu analysieren, um Verbesserungsmöglichkeiten zu identifizieren und die Plattform kontinuierlich zu optimieren.

- **Agiles Vorgehen**: Nutzen Sie agile Methoden, um schnell auf das Feedback der Benutzer zu reagieren und neue Funktionen und Verbesserungen kontinuierlich einzuführen, um die Bedürfnisse der Benutzer zu erfüllen.

5. Engagierte Support-Mitarbeiter

- **Kompetentes Support-Team**: Stellen Sie sicher, dass Ihr Support-Team über das nötige Fachwissen und die erforderlichen Ressourcen verfügt, um den Benutzern kompetente und effektive Unterstützung zu bieten.

- **Empathie und Freundlichkeit**: Legen Sie Wert auf eine empathische und freundliche Kundenbetreuung, um den Benutzern das Gefühl zu geben, wertgeschätzt und gut betreut zu werden.

Ein effektiver Kundenservice und Support sind entscheidend für den langfristigen Erfolg einer digitalen Serviceplattform. Indem Sie den Benutzern vielfältige Support-Optionen bieten, Schulungen und Schulungsmaterialien bereitstellen, kontinuierliches Feedback einholen und

Verbesserungen vornehmen sowie ein engagiertes Support-Team bereitstellen, können Sie eine positive Benutzererfahrung fördern und langfristige Kundenbeziehungen aufbauen.

22. Herausforderungen und Risiken bei der Einführung von digitalen Serviceplattformen

Obwohl digitale Serviceplattformen zahlreiche Vorteile bieten, sind sie auch mit bestimmten Herausforderungen und Risiken verbunden. In diesem Kapitel werden die wichtigsten Herausforderungen und Risiken bei der Einführung von digitalen Serviceplattformen in Unternehmen beleuchtet.

Datenschutz und Sicherheitsaspekte

Die Sicherheit und der Schutz sensibler Daten sind entscheidende Aspekte bei der Implementierung einer digitalen Serviceplattform. Unternehmen müssen sicherstellen, dass angemessene Sicherheitsmaßnahmen implementiert werden, um Daten vor unbefugtem Zugriff, Missbrauch und Datenschutzverletzungen zu schützen. Dies erfordert eine umfassende Sicherheitsstrategie, regelmäßige Sicherheitsaudits und Schulungen für Mitarbeiter.

Integration von bestehenden Systemen und Prozessen

Die Integration einer digitalen Serviceplattform in bestehende Systeme und Prozesse kann eine komplexe und herausfordernde Aufgabe sein. Unternehmen müssen sicherstellen, dass die Plattform nahtlos mit anderen Unternehmenssystemen und -prozessen integriert werden kann, um einen reibungslosen Betrieb zu gewährleisten. Dies erfordert eine sorgfältige Planung, Koordination und Zusammenarbeit zwischen verschiedenen Abteilungen und Teams.

Change Management und Mitarbeiterakzeptanz

Die Einführung einer digitalen Serviceplattform erfordert oft Veränderungen in Arbeitsabläufen, Rollen und Verantwortlichkeiten, was zu Widerstand und Unsicherheit bei Mitarbeitern führen kann. Unternehmen müssen ein effektives Change Management durchführen, um Mitarbeiter auf die Veränderungen vorzubereiten, sie zu unterstützen und zu motivieren, die neue Plattform zu akzeptieren und zu nutzen. Dies erfordert offene

Kommunikation, Schulungen und Schulungen sowie kontinuierliches Feedback und Engagement der Mitarbeiter.

Indem Unternehmen die Herausforderungen und Risiken bei der Einführung einer digitalen Serviceplattform proaktiv angehen und bewältigen, können sie sicherstellen, dass die Implementierung erfolgreich verläuft und die Plattform ihr volles Potenzial entfalten kann.

Veränderung der Unternehmenskultur und Arbeitsweisen

Die Einführung einer digitalen Serviceplattform erfordert oft Veränderungen in der Unternehmenskultur und den Arbeitsweisen der Mitarbeiter. Dies kann Widerstand und Unsicherheit innerhalb der Belegschaft auslösen und die Akzeptanz und Nutzung der Plattform beeinträchtigen. Unternehmen müssen daher gezielte Change-Management-Maßnahmen ergreifen, um die Mitarbeiter auf die Veränderungen vorzubereiten und sie zu unterstützen, die neue Plattform erfolgreich zu nutzen.

Technologische Abhängigkeit und Risiko von Ausfällen

Die Abhängigkeit von digitalen Technologien birgt das Risiko von technischen Ausfällen und Unterbrechungen, die den Betrieb der digitalen Serviceplattform beeinträchtigen können. Unternehmen müssen robuste Technologieinfrastrukturen implementieren, um Ausfallsicherheit zu gewährleisten, sowie Notfallpläne entwickeln, um schnell auf technische Probleme reagieren zu können und Ausfallzeiten zu minimieren.

Die Berücksichtigung dieser zusätzlichen Herausforderungen und Risiken ist entscheidend für Unternehmen, um potenzielle Fallstricke zu identifizieren und geeignete Maßnahmen zu ergreifen, um sie zu bewältigen. Durch proaktives Risikomanagement und sorgfältige Planung können Unternehmen sicherstellen, dass ihre Digitalen Serviceplattformen erfolgreich eingeführt und genutzt werden können.

23. Was kostet die Umsetzung einer digitalen Serviceplattform?

Die Umsetzung einer digitalen Serviceplattform ist ein komplexer Prozess, der von verschiedenen Faktoren abhängt und mit unterschiedlichen Kosten verbunden sein kann. In diesem Kapitel betrachte ich die verschiedenen Kostenkomponenten und geben Ihnen einen Überblick darüber, was bei der Kalkulation der Kosten für die Entwicklung einer DSP zu beachten ist.

Entwicklungskosten

Die Entwicklungskosten einer DSP hängen von verschiedenen Faktoren ab, darunter:

- **Umfang der Plattform**: Je umfangreicher die Funktionalitäten und Features der digitalen Serviceplattform sind, desto höher sind in der Regel die Entwicklungskosten.

- **Komplexität der Technologie:** Die Auswahl und Implementierung der Technologien und Frameworks kann sich auf die Kosten auswirken. Beispielsweise können Integrationen mit externen Systemen oder die Implementierung von künstlicher Intelligenz die Kosten erhöhen.

- **Designanforderungen:** Die Gestaltung und Benutzeroberfläche der DSP beeinflussen ebenfalls die Entwicklungskosten. Aufwendige Designs oder maßgeschneiderte Benutzeroberflächen können zu höheren Kosten führen.

Betriebskosten

Die Betriebskosten einer DSP umfassen verschiedene Aspekte, darunter:

- **Hosting und Infrastruktur:** Die Kosten für die Bereitstellung und den Betrieb der digitalen Serviceplattform auf Servern oder Cloud-Plattformen.

- **Wartung und Support:** Die laufenden Kosten für die Wartung, Aktualisierung und den technischen Support der digitalen Serviceplattform, um eine reibungslose Funktionsweise sicherzustellen.
- **Schulungen:** Die Kosten für die Schulungen von Mitarbeitern und Benutzern der DSP, um sicherzustellen, dass sie die Plattform effektiv nutzen können.

Weitere Kosten

Es gibt auch weitere Kosten, die bei der Entwicklung und Implementierung einer digitalen Serviceplattform berücksichtigt werden sollten, darunter:

- Lizenzgebühren für Software oder Drittanbieterdienste
- Kosten für externe Beratung oder Fachexperten
- Marketing- und Vertriebskosten für die Einführung und Förderung der digitalen Serviceplattform

Die Kosten für die Umsetzung einer digitalen Serviceplattform können je nach den spezifischen Anforderungen und Anforderungen Ihres Unternehmens variieren. Es ist wichtig, alle relevanten Faktoren zu berücksichtigen und eine gründliche Kostenschätzung durchzuführen, um sicherzustellen, dass die Entwicklung und Implementierung der DSP innerhalb des Budgets bleibt. Ein sorgfältiges Projektmanagement und die Zusammenarbeit mit erfahrenen Dienstleistern können Ihnen dabei helfen, die Kosten im Griff zu behalten und den Erfolg Ihrer DSP sicherzustellen.

24. Berechnung der Wirtschaftlichkeit einer digitalen Serviceplattform

Die Wirtschaftlichkeit einer digitalen Serviceplattform ist entscheidend für den Erfolg und die Rentabilität Ihres Investitionsprojekts. In diesem Kapitel werde ich verschiedene Aspekte beleuchten, die bei der Berechnung der Wirtschaftlichkeit einer digitalen Serviceplattform zu berücksichtigen sind.

Kosten-Nutzen-Analyse

Eine umfassende Kosten-Nutzen-Analyse ist ein wesentlicher Bestandteil der Bewertung der Wirtschaftlichkeit einer digitalen Serviceplattform. Dabei werden die erwarteten Kosten für die Entwicklung, Implementierung und den Betrieb der Plattform den erwarteten Nutzen und die erwarteten Einsparungen gegenübergestellt. Zu den Kosten gehören die Entwicklungskosten, die Betriebskosten sowie eventuelle zusätzliche Ausgaben, während der Nutzen Aspekte wie gesteigerte Effizienz, verbesserte Kundenbindung und Umsatzsteigerungen umfasst.

Return on Investment (ROI)

Der Return on Investment ist ein wichtiger Indikator für die Rentabilität einer digitalen Serviceplattform. Er wird berechnet, indem der erwartete finanzielle Nutzen der Plattform (zum Beispiel in Form von Einsparungen oder zusätzlichen Umsätzen) durch die Gesamtkosten der DSP (Entwicklung, Implementierung und Betrieb) dividiert wird. Ein positiver ROI zeigt an, dass die DSP voraussichtlich einen Gewinn erwirtschaften wird, während ein negativer ROI darauf hindeutet, dass die Investition möglicherweise nicht rentabel ist. Wie eine ROI Erfolgsmessung gestaltet werden kann wird im Kapitel 0 beschrieben.

Total Cost of Ownership (TCO)

Die Gesamtkosten des Besitzes (TCO) einer digitalen Serviceplattform umfassen nicht nur die direkten Entwicklungs- und Implementierungskosten, sondern auch die langfristigen Betriebs- und Wartungskosten. Eine genaue Berechnung der TCO ermöglicht es Ihnen, die langfristigen finanziellen Auswirkungen der Plattform auf Ihr Unternehmen zu verstehen und zu bewerten.

Break-even-Analyse

Die Break-even-Analyse bestimmt den Zeitpunkt, zu dem die Einnahmen aus der digitalen Serviceplattform die anfänglichen Investitionskosten ausgleichen. Dieser Zeitpunkt ist entscheidend, um festzustellen, wann die Plattform voraussichtlich profitabel wird und welche Maßnahmen ergriffen werden können, um die Rentabilität zu verbessern.

Risikobewertung

Eine gründliche Bewertung der Risiken im Zusammenhang mit der digitalen Serviceplattform ist ebenfalls wichtig für die Berechnung ihrer Wirtschaftlichkeit. Potenzielle Risiken wie technische Herausforderungen, Marktschwankungen oder Änderungen der Geschäftsbedingungen sollten identifiziert, bewertet und in die Berechnung einbezogen werden.

Die Berechnung der Wirtschaftlichkeit einer digitalen Serviceplattform erfordert eine sorgfältige Analyse und Bewertung verschiedener Faktoren, darunter Kosten, Nutzen, ROI, TCO und Risiken. Eine fundierte Bewertung ermöglicht es Ihnen, fundierte Entscheidungen über die Entwicklung, Implementierung und den Betrieb der Plattform zu treffen und sicherzustellen, dass sie langfristig rentabel und erfolgreich ist.

ROI und Erfolgsmessung

Die Berechnung des Return on Investment (ROI) und die Messung des Erfolgs sind wesentliche Schritte, um die Leistung und den Nutzen einer digitalen Serviceplattform zu bewerten. Dieses Kapitel bietet einen Überblick über Methoden zur ROI-Berechnung und Kriterien zur Erfolgsmessung.

1. Return on Investment (ROI)

- **ROI-Berechnungsmethoden**: Es gibt verschiedene Ansätze zur Berechnung des ROI, darunter die einfache ROI-Formel (ROI = (Gewinn - Investition) / Investition) und erweiterte Methoden wie den internen Zinsfuß (IRR) und die Kapitalwertmethode (NPV).

- **Berücksichtigung von Kosten und Nutzen**: Bei der Berechnung des ROI müssen sowohl die direkten Kosten für die Entwicklung und Implementierung der Plattform als auch die potenziellen Einsparungen und Erlöse durch die Nutzung der Plattform berücksichtigt werden.

2. Kriterien zur Erfolgsmessung

- **Umsatzsteigerung**: Die Plattform sollte einen positiven Einfluss auf den Umsatz haben, sei es durch direkte Umsatzgenerierung oder indirekte Effekte wie die Steigerung der Kundenbindung und die Erschließung neuer Märkte.

- **Kundenbindung und Zufriedenheit**: Die Anzahl der aktiven Benutzer, die durchschnittliche Nutzungsdauer und die Kundenzufriedenheit sind wichtige Indikatoren für den Erfolg der Plattform.

- **Effizienzgewinne**: Einsparungen bei den Betriebskosten, eine höhere Produktivität der Mitarbeiter und eine effizientere Nutzung von Ressourcen sind messbare Ergebnisse, die den Erfolg der Plattform widerspiegeln.

- **Marktpositionierung**: Die Positionierung des Unternehmens im Markt und die Wahrnehmung der Marke können durch die

Einführung einer digitalen Serviceplattform gestärkt werden. Die Analyse von Marktdurchdringung und Wettbewerbsvergleichen kann Aufschluss über den Erfolg geben.

- **Innovationspotential**: Die Plattform sollte Innovationen fördern und neue Möglichkeiten für Produkte und Dienstleistungen schaffen. Die Messung von Innovationskennzahlen wie der Anzahl neuer Ideen und der Geschwindigkeit der Markteinführung kann den Erfolg der Plattform bestätigen.

3. Erfolgsmessung in der Praxis

- **Definieren von Messgrößen**: Klare und messbare Ziele sollten definiert werden, um den Erfolg der Plattform zu bewerten. Dies kann durch die Festlegung von Leistungskennzahlen (KPIs) erreicht werden, die regelmäßig überwacht und ausgewertet werden.
- **Regelmäßige Überprüfung und Anpassung**: Die Erfolgsmessung sollte regelmäßig erfolgen, um Trends und Entwicklungen zu erkennen und bei Bedarf Anpassungen vorzunehmen. Die kontinuierliche Optimierung der Plattform basierend auf den Ergebnissen der Erfolgsmessung ist entscheidend für langfristigen Erfolg.
- **Einbindung von Stakeholdern**: Die Bewertung des Erfolgs sollte nicht nur aus finanzieller Sicht erfolgen, sondern auch die Perspektiven und Anforderungen aller relevanten Stakeholder berücksichtigen, einschließlich Kunden, Mitarbeiter und Geschäftsführung.

Die ROI-Berechnung und Erfolgsmessung spielen eine zentrale Rolle bei der Bewertung des Nutzens und der Wirksamkeit einer digitalen Serviceplattform. Durch die Verwendung geeigneter Methoden und Kriterien können Unternehmen den Erfolg ihrer Plattform objektiv bewerten und kontinuierlich verbessern.

25. Auswahl eines geeigneten Lieferanten für die Entwicklung einer digitalen Serviceplattform

Die Auswahl eines geeigneten Lieferanten für die Entwicklung einer digitalen Serviceplattform ist ein entscheidender Schritt, um sicherzustellen, dass das Projekt erfolgreich umgesetzt wird. In diesem Kapitel werde ich die wichtigsten Kriterien beleuchten, die bei der Auswahl eines Lieferanten zu beachten sind, sowie bewährte Verfahren, um die Eignung eines Lieferanten zu überprüfen.

1. Kriterien für die Auswahl

- **Fachkompetenz:** Der Lieferant sollte über umfassende Erfahrung und Fachkenntnisse im Bereich der Softwareentwicklung und insbesondere der Entwicklung digitaler Serviceplattformen verfügen.

- **Referenzen und Erfolgsbilanz:** Überprüfen Sie die Referenzen des Lieferanten und seine Erfolgsbilanz bei ähnlichen Projekten, um sicherzustellen, dass er über die erforderlichen Fähigkeiten und Ressourcen verfügt.

- **Technologische Expertise:** Stellen Sie sicher, dass der Lieferant mit den neuesten Technologien und Tools zur Entwicklung digitaler Plattformen vertraut ist und diese effektiv einsetzen kann.

- **Agiles Mindset:** Ein Lieferant, der agile Entwicklungsmethoden wie Scrum oder Kanban anwendet, ist in der Lage, flexibel auf sich ändernde Anforderungen zu reagieren und eine DSP iterativ zu entwickeln.

- **Kommunikation und Zusammenarbeit:** Die Fähigkeit des Lieferanten, transparent zu kommunizieren und eng mit dem Kunden zusammenzuarbeiten, ist entscheidend für den Erfolg des Projekts.

2. Vorgehen zur Überprüfung

- **Angebotsphase:** Fordern Sie von potenziellen Lieferanten detaillierte Angebote an, die ihre Erfahrung, technische Kompetenz, Projektmethodik und Kostenschätzung enthalten.
- **Präsentation und Interviews:** Führen Sie Präsentationen und Interviews mit den potenziellen Lieferanten durch, um ihre Fähigkeiten, Arbeitsweise und kulturelle Passung zu bewerten.
- **Referenzüberprüfung:** Befragen Sie frühere Kunden des Lieferanten und holen Sie Feedback über ihre Erfahrungen mit der Zusammenarbeit und der Qualität der gelieferten Arbeit ein.
- **Proof of Concept:** Beauftragen Sie einen Proof of Concept (PoC) oder ein Pilotprojekt, um die Fähigkeiten des Lieferanten in der Praxis zu überprüfen und sicherzustellen, dass er den Anforderungen entspricht.
- **Vertragliche Vereinbarungen:** Stellen Sie sicher, dass alle wichtigen Aspekte, wie Leistungskriterien, Lieferzeiten, Kosten und Verantwortlichkeiten, klar in einem Vertrag festgehalten sind.

3. Kontinuierliche Überwachung und Bewertung

- **Fortlaufende Leistungsüberwachung**: Überwachen Sie die Leistung und den Fortschritt des Lieferanten während des gesamten Projekts und greifen Sie bei Bedarf frühzeitig ein, um Abweichungen zu korrigieren.
- **Feedback und Bewertung:** Sammeln Sie regelmäßig Feedback von internen und externen Stakeholdern über die Zusammenarbeit mit dem Lieferanten und bewerten Sie seine Leistung anhand vorab festgelegter Kriterien.

4. Gewichtung der Kriterien

Bei der Bewertung potenzieller Lieferanten sollten die Kriterien je nach ihrer Bedeutung für das Projekt gewichtet werden. Eine mögliche Gewichtung könnte wie folgt aussehen:

- Fachkompetenz: 20%
- Referenzen und Erfolgsbilanz: 20%
- Technologische Expertise: 15%
- Agiles Mindset: 15%
- Kommunikation und Zusammenarbeit: 15%
- Preis: 15%

Die Gewichtung der Kriterien sollte jedoch je nach den spezifischen Anforderungen und Zielen des Projekts angepasst werden. Einige Projekte legen möglicherweise mehr Wert auf technische Expertise, während andere eine starke Betonung auf Kommunikation und Zusammenarbeit legen. Indem Sie die Kriterien entsprechend gewichten, können Sie sicherstellen, dass die Auswahl des Lieferanten auf die Bedürfnisse Ihres Projekts zugeschnitten ist und die besten Chancen auf Erfolg bietet.

Die sorgfältige Auswahl eines geeigneten Lieferanten ist entscheidend für den Erfolg der Entwicklung einer digitalen Serviceplattformen. Durch die Berücksichtigung der oben genannten Kriterien und bewährten Verfahren können Sie sicherstellen, dass der ausgewählte Lieferant die erforderlichen Fähigkeiten und Ressourcen besitzt, um Ihre DSP erfolgreich umzusetzen.

26. Gründe für das Scheitern von digitalen Serviceplattform Projekten und wie man es verhindert

Trotz ihrer Potenziale und Vorteile scheitern manche Projekte im Bereich der digitalen Serviceplattformen. Es gibt verschiedene Gründe, warum dies geschehen kann, und es ist wichtig, diese Herausforderungen zu verstehen, um sie zu vermeiden oder zu überwinden. In diesem Kapitel werden die häufigsten Gründe für das Scheitern von digitalen Serviceplattform Projekten beschrieben.

1. **Unklare Anforderungen und Ziele:** Oftmals scheitern Projekte, weil die Anforderungen und Ziele nicht klar definiert sind. Wenn die Erwartungen der Stakeholder nicht klar kommuniziert werden oder sich im Laufe des Projekts ändern, kann dies zu Missverständnissen und Fehlinterpretationen führen, die die Umsetzung des Projekts behindern.

2. **Mangelnde Stakeholder-Beteiligung:** Das Fehlen einer angemessenen Beteiligung und Unterstützung der Stakeholder kann ebenfalls dazu beitragen, dass Projekte scheitern. Wenn wichtige Interessengruppen nicht aktiv in den Planungs- und Entscheidungsprozess einbezogen werden oder nicht ausreichend Feedback geben, können wichtige Anforderungen übersehen oder falsch verstanden werden.

3. **Technische Herausforderungen:** Die Entwicklung und Implementierung von digitalen Serviceplattformen kann technisch anspruchsvoll sein und mit verschiedenen technischen Herausforderungen verbunden sein. Komplexe Integrationsprozesse, Schwierigkeiten bei der Datenmigration oder unzureichende technische Infrastruktur können die Umsetzung des Projekts erheblich erschweren.

4. **Fehlende Ressourcen und Budgetüberschreitungen:** Ein weiterer Grund für das Scheitern von digitalen Serviceplattform Projekten

sind oft fehlende Ressourcen, sei es in Form von Budget, Personal oder Zeit. Wenn die benötigten Ressourcen nicht angemessen zur Verfügung gestellt werden oder das Projektbudget überschritten wird, kann dies zu Verzögerungen, Qualitätsproblemen und letztendlich zum Scheitern des Projekts führen.

5. **Mangelnde Akzeptanz und Adoption:** Selbst wenn das Projekt technisch erfolgreich ist, kann es scheitern, wenn die Benutzer das entwickelte Produkt nicht akzeptieren oder nutzen. Dies kann auf eine unzureichende Schulung, mangelnde Benutzerfreundlichkeit oder Widerstand gegen Veränderungen zurückzuführen sein, was die Wirksamkeit der Plattform beeinträchtigt.

6. **Fehlende Agilität und Flexibilität:** Projekte im Bereich der digitalen Serviceplattformen erfordern oft eine hohe Agilität und Flexibilität, um sich schnell verändernde Anforderungen und Marktbedingungen zu bewältigen. Wenn das Projektteam nicht in der Lage ist, sich schnell anzupassen und auf Änderungen zu reagieren, kann dies zu Verzögerungen und Problemen führen.

7. **Kommunikationsprobleme und Missverständnisse:** Kommunikationsprobleme und Missverständnisse innerhalb des Projektteams oder zwischen den verschiedenen Stakeholdern können ebenfalls dazu beitragen, dass Projekte scheitern. Eine klare und offene Kommunikation ist entscheidend für den Erfolg eines Projekts und sollte von Anfang an gefördert und unterstützt werden.

Indem diese Herausforderungen erkannt und aktiv angegangen werden, können Unternehmen die Wahrscheinlichkeit eines Scheiterns von digitalen Serviceplattform Projekten verringern und den Erfolg ihrer Projekte sicherstellen. Durch eine sorgfältige Planung, klare Kommunikation, angemessene Ressourcenbereitstellung und eine flexible, agile Vorgehensweise können die meisten dieser Herausforderungen überwunden und erfolgreiche Ergebnisse erzielt werden.

Maßnahmen zur Bewältigung der Herausforderungen

Die erfolgreiche Umsetzung von digitalen Serviceplattform Projekten erfordert nicht nur eine klare Vision und Planung, sondern auch die Fähigkeit, auf auftretende Herausforderungen flexibel zu reagieren. In diesem Abschnitt werde ich Maßnahmen beschreiben, die Unternehmen ergreifen können, um typische Hindernisse bei der Umsetzung von digitalen Serviceplattform Projekten zu überwinden. Durch die Implementierung dieser Maßnahmen können Unternehmen die Erfolgschancen ihrer Projekte deutlich erhöhen und sicherstellen, dass sie ihre Ziele effektiv erreichen.

1. **Klare Definition von Anforderungen und Zielen:** Ein umfassendes Verständnis der Anforderungen und Ziele des Projekts ist entscheidend. Durch die Festlegung klarer und messbarer Ziele sowie die regelmäßige Überprüfung und Anpassung dieser Ziele können Missverständnisse vermieden und das Projekt auf Kurs gehalten werden.

2. **Aktive Stakeholder-Beteiligung:** Es ist wichtig, alle relevanten Stakeholder aktiv in den Planungs- und Entscheidungsprozess einzubeziehen. Durch regelmäßige Meetings, Workshops und Feedbackrunden können die Bedürfnisse und Erwartungen der Stakeholder identifiziert und berücksichtigt werden.

3. **Adoption von agilen Methoden:** Die Verwendung agiler Methoden wie Scrum oder Kanban ermöglicht es dem Projektteam, flexibel auf sich ändernde Anforderungen zu reagieren und kontinuierlich Wert zu liefern. Durch die Einteilung des Projekts in kurze Entwicklungszyklen (Sprints) und regelmäßige Reviews können Probleme frühzeitig erkannt und behoben werden.

4. **Ressourcenmanagement und Budgetkontrolle:** Eine sorgfältige Planung und Überwachung der Ressourcen und des Budgets ist entscheidend, um sicherzustellen, dass das Projekt im Zeit- und Kostenrahmen bleibt. Durch regelmäßige Statusberichte und Fortschrittsüberwachung können potenzielle Probleme frühzeitig erkannt und entsprechend gehandelt werden.

5. **Benutzerzentriertes Design und Schulung:** Ein benutzerzentrierter Ansatz bei der Gestaltung der Plattform und Schulungsmaßnahmen für die Benutzer können die Akzeptanz und Nutzung des Produkts verbessern. Durch die Einbeziehung der Benutzer in den Entwicklungsprozess und die Bereitstellung von Schulungen und Unterstützung kann die Benutzerfreundlichkeit und Effektivität der Plattform erhöht werden.

6. **Effektive Kommunikation und Zusammenarbeit:** Eine offene und transparente Kommunikation innerhalb des Projektteams und mit den Stakeholdern ist entscheidend für den Erfolg eines Projekts. Durch regelmäßige Meetings, klare Kommunikationskanäle und die Förderung einer Kultur der Zusammenarbeit können Missverständnisse vermieden und die Effektivität des Teams gesteigert werden.

Indem diese Maßnahmen konsequent umgesetzt werden, können Unternehmen die Herausforderungen bei digitalen Serviceplattform Projekten effektiv bewältigen und die Erfolgschancen ihrer Projekte erhöhen. Es ist wichtig, dass diese Maßnahmen kontinuierlich überwacht und angepasst werden, um sicherzustellen, dass das Projekt auf Kurs bleibt und die gesteckten Ziele erreicht werden.

27. Fallstudien und Beispiele erfolgreicher digitaler Serviceplattformen

Fallstudien und Beispiele erfolgreicher digitaler Serviceplattformen bieten wertvolle Einblicke in bewährte Praktiken, Herausforderungen und Erfolgsfaktoren bei der Implementierung und Nutzung solcher Plattformen. In diesem Kapitel werden einige relevante Fallstudien und Beispiele aus verschiedenen Branchen und Unternehmen präsentiert.

Praxisbeispiele aus verschiedenen Branchen

Dieser Abschnitt präsentiert Fallstudien und Beispiele von digitalen Serviceplattformen aus verschiedenen Branchen, darunter Fertigung, Logistik, IT-Dienstleistungen, Gesundheitswesen und mehr. Durch die Betrachtung von Beispielen aus verschiedenen Branchen können Sie Einblicke gewinnen, wie digitale Serviceplattformen in unterschiedlichen Kontexten erfolgreich eingesetzt werden können.

Erfolgsgeschichten und Lessons Learned

Erfolgsgeschichten erfolgreicher digitaler Serviceplattformen sowie die daraus gewonnenen Erkenntnisse und Lehren sind wertvolle Quellen für Best Practices und Erfolgsstrategien. Dieser Abschnitt hebt einige der bemerkenswertesten Erfolgsgeschichten hervor und identifiziert wichtige Lektionen, die Unternehmen bei der Implementierung und Nutzung ihrer eigenen Plattformen beachten sollten.

Durch die Betrachtung von Fallstudien und Beispielen erfolgreicher digitaler Serviceplattformen können Sie von den Erfahrungen anderer Unternehmen lernen, bewährte Praktiken identifizieren und Herausforderungen besser bewältigen. Diese Einblicke können ihnen helfen, ihre eigenen digitalen Serviceplattformen erfolgreich einzuführen und zu optimieren.

Fallstudie: Open Space for Machine Learning (OS4ML)

Open Space for Machine Learning (OS4ML) ist ein herausragendes Beispiel für eine erfolgreiche digitale Serviceplattform, die die genannten Best Practices im UI/UX Design vorbildlich umsetzt. Diese Plattform bietet eine benutzerfreundliche Umgebung, die es jedem ermöglicht, leistungsstarke maschinelle Lernmodelle zu erstellen und zu nutzen, ohne über Expertenwissen im Bereich Künstliche Intelligenz zu verfügen.

Plattform Beschreibung:

OS4ML ermöglicht es den Benutzern, mit nur wenigen Klicks ihre Daten hochzuladen, den passenden Algorithmus auszuwählen und ihre Lösung zu überprüfen. Die Plattform verwendet intelligente automatische Machine-Learning-Algorithmen, die parallele Berechnungen auf mehreren GPUs durchführen, um auch komplexe Aufgaben effizient zu bewältigen. Dank ihrer Transparenz ermöglicht es OS4ML den Benutzern, jedes Modell genau zu überprüfen und mit Beispielen zu testen.

Umsetzung der Best Practices:

- **Klare und intuitive Navigation:** OS4ML bietet eine übersichtliche und leicht verständliche Benutzeroberfläche, die es Benutzern ermöglicht, sich problemlos auf der Plattform zu bewegen und die gewünschten Funktionen schnell zu finden.
- **Konsistente visuelle Gestaltung:** Die visuelle Gestaltung von OS4ML ist konsistent und ansprechend, wodurch ein harmonisches Benutzererlebnis gewährleistet wird.
- **Reaktionsfähiges Design für verschiedene Geräte und Bildschirmgrößen:** Die Plattform ist responsiv und passt sich automatisch an verschiedene Geräte und Bildschirmgrößen an, um eine optimale Darstellung zu gewährleisten.
- **Barrierefreiheit für alle Benutzergruppen:** OS4ML berücksichtigt die Bedürfnisse verschiedener Benutzergruppen und stellt sicher, dass die Plattform für alle zugänglich ist, unabhängig von ihren individuellen Einschränkungen.
- **Kontinuierliche Verbesserung basierend auf Benutzerfeedback und Analyse von Benutzerverhalten:** Die Plattform verwendet kontinuierlich Benutzerfeedback und Analysen des

Benutzerverhaltens, um Verbesserungen vorzunehmen und sicherzustellen, dass die Bedürfnisse der Benutzer optimal erfüllt werden.

Durch die erfolgreiche Umsetzung dieser Best Practices hat sich OS4ML als hervorragende Plattform im Bereich des maschinellen Lernens etabliert und zeigt, wie eine benutzerzentrierte Gestaltung zu einem außergewöhnlichen Benutzererlebnis führen kann.

Fallstudie: Virtual Reality Experience Platform für BMW

Die Virtual Reality Experience Platform für BMW ist ein wegweisendes Beispiel für die erfolgreiche Integration innovativer Technologien in die Unternehmensentwicklung und Mitarbeiterweiterbildung. Diese Plattform, entwickelt in Zusammenarbeit mit WOGRA, erweitert die unternehmensinterne Weiterbildungsakademie von BMW um immersive Lernerfahrungen mithilfe von Virtual Reality.

Plattform Beschreibung:

Die Plattform bietet den Mitarbeitern von BMW die Möglichkeit, Lerninhalte mithilfe von VR-Brillen zu erleben und zu verinnerlichen. Die VR-Technologie ermöglicht es den Nutzern, sich vollständig in das Lernumfeld zu versetzen und sich von äußeren Ablenkungen abzuschotten. Dies trägt nicht nur zur Verbesserung der Konzentrationsfähigkeit bei, sondern erhöht auch die Aufnahmefähigkeit der Lernenden. Die Lerninhalte werden in Form von Videos präsentiert und durch interaktive Elemente ergänzt, um das Engagement und die Motivation der Benutzer zu steigern.

Zusätzlich wurden Gamification-Elemente integriert, um den Lernprozess zu unterstützen und zu fördern. Kleine Quiz und Bestenlisten ermöglichen es den Nutzern, ihr Wissen zu testen und sich mit anderen Mitarbeitern zu vergleichen. Die Inhalte der Plattform werden über ein Backend-System verwaltet und bereitgestellt, das eine einfache Verwaltung und Aktualisierung der Lerninhalte ermöglicht.

Umsetzung der Best Practices:

- **Klare und intuitive Navigation:** Die Plattform wurde mit einer übersichtlichen und intuitiven Benutzeroberfläche gestaltet, die es den Mitarbeitern leicht macht, sich auf der Plattform zu bewegen und die gewünschten Lerninhalte zu finden.

- **Konsistente visuelle Gestaltung:** Das visuelle Design der Plattform ist konsistent und ansprechend, wodurch ein einheitliches und ästhetisch ansprechendes Benutzererlebnis gewährleistet wird.

- **Reaktionsfähiges Design für verschiedene Geräte und Bildschirmgrößen:** Die Plattform wurde für die Nutzung mit VR-Brillen optimiert und bietet eine reaktionsschnelle Darstellung auf verschiedenen Geräten und Bildschirmgrößen.

- **Barrierefreiheit für alle Benutzergruppen:** Bei der Entwicklung der Plattform wurden die Bedürfnisse aller Mitarbeitergruppen berücksichtigt, um sicherzustellen, dass sie für alle zugänglich und nutzbar ist.

- **Kontinuierliche Verbesserung basierend auf Benutzerfeedback und Analyse von Benutzerverhalten:** Die Plattform wird kontinuierlich überwacht und evaluiert, um Feedback von den Nutzern zu sammeln und das Benutzererlebnis kontinuierlich zu verbessern.

Durch die erfolgreiche Umsetzung dieser Best Practices hat die Virtual Reality Experience Platform für BMW einen bedeutenden Beitrag zur Mitarbeiterentwicklung und -schulung geleistet und zeigt, wie innovative Technologien das Lernen und die Weiterbildung nachhaltig verbessern können.

Fallstudie: E-Learning-Managementsystem mit KI für PINKTUM
Das Projekt zur Entwicklung eines E-Learning-Management-systems mit Künstlicher Intelligenz (KI) für das Unternehmen PINKTUM im Bereich Blended Learning ist ein herausragendes Beispiel für die erfolgreiche Digitalisierung und Optimierung von Prozessen im Bildungsbereich. In Zusammenarbeit mit WOGRA wurde eine innovative Plattform geschaffen, die eine effektive und benutzerfreundliche Selfservice-Erfahrung bietet.

Plattform Beschreibung:

PINKTUM, ein weltweit agierendes Unternehmen im Blended Learning Bereich, suchte nach Möglichkeiten, seine Prozesskette im E-Learning-Managementsystem effektiver zu gestalten. Das Ziel war es, ein modernes Auslieferungsportal zu schaffen, das jederzeit aktuelle Versionen bereitstellt, einen schnellen Datenaustausch ermöglicht und neue Abrechnungsmodelle unterstützt. Die neue Plattform sollte den Nutzern ein umfangreiches Selfservice-System bieten, um ihre Lernbedürfnisse eigenständig zu verwalten.

Vorher: Manuelle Einbahnstraße Vor der Implementierung des neuen Systems waren die Prozesse bei PINKTUM weitgehend manuell und zeitaufwendig. Nutzer mussten manuell auf einen FTP-Server zugreifen, um Dateien herunterzuladen, was ineffizient und nicht nachvollziehbar war. Zudem fehlte es an einer Möglichkeit zur systematischen Verwaltung von Inhalten und einem zeitgemäßen Abrechnungsmodell.

Nachher: Schnittstelle zu Learning-Plattform Nach der Implementierung des E-Learning-Managementsystems konnten bereits nach kurzer Zeit signifikante Verbesserungen erzielt werden. Die internen Prozesse bei der Bestellung wurden optimiert, und Nutzern steht nun eine moderne Webplattform mit Anbindung zum Kundenmanagementsystem zur Verfügung. Durch ein datenschutzkonformes Tracking wird das Nutzerverhalten analysiert, um weitere Optimierungen vorzunehmen. Die Plattform bietet eine enorme Zeitersparnis und garantiert die Aktualität der Inhalte. Zudem werden Nutzer durch psychologisch fundierte Fragebögen zur Teilnahme an neuen Lernangeboten animiert.

Umsetzung der Best Practices:

- **Klare und intuitive Navigation:** Die Plattform wurde mit einer übersichtlichen und intuitiven Benutzeroberfläche gestaltet, um den Nutzern eine einfache und effiziente Navigation zu ermöglichen.

- **Konsistente visuelle Gestaltung:** Das visuelle Design der Plattform ist konsistent und ansprechend, wodurch ein einheitliches und ästhetisch ansprechendes Benutzererlebnis gewährleistet wird.
- **Reaktionsfähiges Design für verschiedene Geräte und Bildschirmgrößen:** Die Plattform wurde für die Nutzung auf verschiedenen Geräten optimiert, um eine optimale Darstellung und Benutzererfahrung sicherzustellen.
- **Barrierefreiheit für alle Benutzergruppen:** Bei der Entwicklung der Plattform wurden die Bedürfnisse aller Nutzergruppen berücksichtigt, um sicherzustellen, dass die Plattform für alle zugänglich ist.
- **Kontinuierliche Verbesserung basierend auf Benutzerfeedback und Analyse von Benutzerverhalten:** Die Plattform wird kontinuierlich überwacht und evaluiert, um Feedback von den Nutzern zu sammeln und das Benutzererlebnis kontinuierlich zu verbessern.

Durch die erfolgreiche Umsetzung dieser Best Practices hat das E-Learning-Managementsystem mit KI für PINKTUM einen bedeutenden Beitrag zur Effizienzsteigerung und Modernisierung der Bildungsprozesse geleistet und zeigt, wie innovative Technologien die Personalentwicklung revolutionieren können. WOGRA als Partner war für die Umsetzung und Betreuung des Projekts verantwortlich und unterstützt weiterhin bei der Transformation und Identifizierung neuer technologischer Potenziale.

Fallstudie: Umfassendes Kundenportal für Wakeboardanlagen
Das umfassende Kundenportal für Wakeboardanlagen ist ein herausragendes Beispiel für die erfolgreiche Zusammenarbeit zwischen der Adventure Lake GmbH und WOGRA bei der Entwicklung einer innovativen Softwarelösung für die Wakeboard-Branche. Diese Plattform vereint Administration, CRM, Ticketing und Liftmanagement in einer benutzerfreundlichen Anwendung, die Anlagenbetreibern und Wakeboardern gleichermaßen zugutekommt.

Lösungsbeschreibung:

Adventure Lake GmbH, als führender Anbieter von 2-Mast Systemen für Wakeboardanlagen weltweit, suchte nach einer effizienten Lösung, um die Verwaltung und Betreuung seiner Anlagen zu optimieren. In Zusammenarbeit mit WOGRA wurde eine Softwarelösung entwickelt, die alle relevanten Funktionen in einer übersichtlichen Anwendung vereint. Wakeboarder haben die Möglichkeit, sich vor Ort oder online zu registrieren, Tickets zu erwerben und sofort aufs Wasser zu gehen. Gleichzeitig ermöglicht die Plattform Anlagenbetreibern eine einfache Verwaltung ihres Lifts und einen klaren Überblick über alle aktuellen Aktivitäten.

Vorher: Manuelle Prozesse Vor der Implementierung des Kundenportals waren die Prozesse bei Wakeboardanlagen teilweise manuell und zeitaufwendig. Die Verwaltung von Tickets und die Erfassung von Kundendaten erfolgten oft auf Papierbasis oder über separate Systeme, was zu Ineffizienzen und Datenverlusten führte.

Nachher: Effizientes Kundenportal Nach der Implementierung des Kundenportals konnten signifikante Verbesserungen erzielt werden. Die Anlagenbetreiber haben nun eine zentrale Plattform, auf der sie alle relevanten Informationen und Funktionen finden. Die Softwarelösung wurde mit modernen Technologien wie Angular im Frontend und Java-Spring im Backend umgesetzt und wird in der Cloud betrieben, um eine weltweite Verfügbarkeit sicherzustellen.

Umsetzung der Best Practices:

- **Klare und intuitive Navigation:** Die Plattform wurde mit einer übersichtlichen und benutzerfreundlichen Benutzeroberfläche gestaltet, um eine einfache Navigation und Nutzung zu ermöglichen.
- **Konsistente visuelle Gestaltung:** Das visuelle Design der Plattform ist konsistent und ansprechend, um ein einheitliches Benutzererlebnis zu gewährleisten.
- **Reaktionsfähiges Design für verschiedene Geräte:** Die Plattform ist responsiv und passt sich automatisch an verschiedene Geräte

und Bildschirmgrößen an, um eine optimale Darstellung zu gewährleisten.

- **Sicherheit und Datenschutz:** Die Plattform gewährleistet die Sicherheit und den Schutz der Benutzerdaten durch modernste Sicherheitsmaßnahmen und Datenschutzrichtlinien.

Durch die erfolgreiche Umsetzung dieser Best Practices hat das umfassende Kundenportal für Wakeboardanlagenbetreiber die Verwaltung und
Betreuung ihrer Anlagen revolutioniert und zeigt, wie innovative Soft-
warelösungen die Effizienz und den Komfort für Anlagenbetreiber und
Wakeboarder gleichermaßen verbessern können.

28. Zukunftsausblick: Die Weiterentwicklung von digitalen Serviceplattformen

Die Entwicklung von digitalen Serviceplattformen steht nie still, und es ist wichtig, einen Blick in die Zukunft zu werfen, um die Trends und Entwicklungen zu verstehen, die den Bereich in den kommenden Jahren prägen werden. In diesem Kapitel werden einige der wichtigsten Trends und Zukunftsaussichten für digitale Serviceplattformen untersucht.

Trends und Entwicklungen im Bereich digitale Serviceplattformen

Eine der wichtigsten Entwicklungen im Bereich digitale Serviceplattformen ist die zunehmende Integration von KI (Künstliche Intelligenz) und maschinellem Lernen. KI-basierte Technologien ermöglichen es Plattformen, intelligente Entscheidungen zu treffen, personalisierte Empfehlungen zu geben und Prozesse automatisch zu optimieren. Dies führt zu einer noch höheren Effizienz, Kundenzufriedenheit und Wettbewerbsfähigkeit.

Ein weiterer wichtiger Trend ist die zunehmende Bedeutung von IoT (Internet der Dinge) und vernetzten Geräten. Durch die Integration von IoT in digitale Serviceplattformen können Unternehmen Echtzeitdaten von vernetzten Geräten sammeln, analysieren und nutzen, um präventive Wartungsdienste anzubieten, Produkte zu optimieren und neue Geschäftsmodelle zu entwickeln.

Potenzial von KI, IoT und anderen aufkommenden Technologien

Das Potenzial von KI, IoT und anderen aufkommenden Technologien für digitale Serviceplattformen ist enorm. Diese Technologien ermöglichen es Unternehmen, ihre Serviceangebote weiter zu verbessern, neue Geschäftsmöglichkeiten zu erschließen und sich von Wettbewerbern abzuheben. Indem Unternehmen frühzeitig auf diese Trends reagieren und ihre Plattformen entsprechend weiterentwickeln, können sie ihre Position im Markt stärken und langfristigen Erfolg sichern.

Die Zukunft von digitale Serviceplattformen ist geprägt von Innovationen und neuen Technologien, die es Unternehmen ermöglichen, ihre Service-angebote kontinuierlich zu verbessern und sich an verändernde Kunden-bedürfnisse anzupassen. Indem Unternehmen die aktuellen Trends und Entwicklungen im Auge behalten und proaktiv auf sie reagieren, können sie sicherstellen, dass ihre digitale Serviceplattform auch in Zukunft rele-vant und wettbewerbsfähig bleibt.

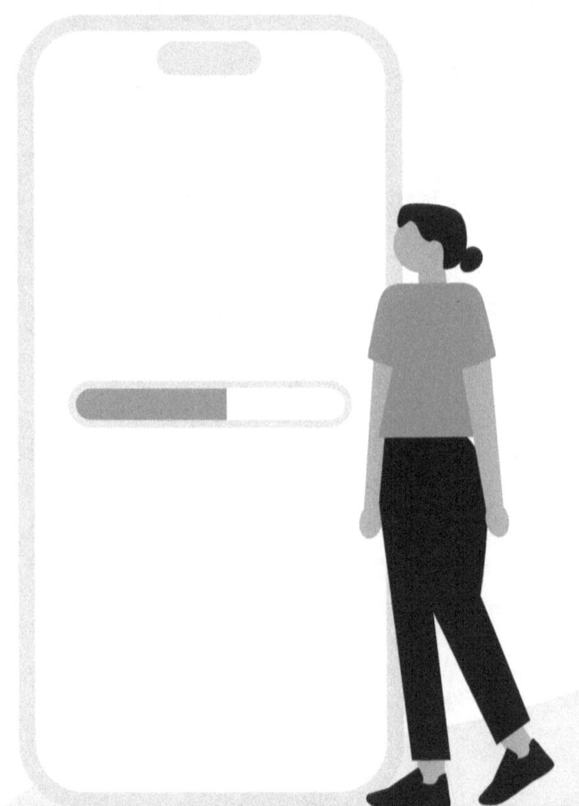

29. Handlungsempfehlungen

Als Entscheider spielen Sie eine zentrale Rolle bei der Einführung und Nutzung von digitalen Serviceplattformen in Ihrem Unternehmen. In diesem Kapitel werden konkrete Handlungsempfehlungen präsentiert, um Ihnen dabei zu helfen, das volle Potenzial von digitalen Serviceplattformen auszuschöpfen.

Tipps zur Maximierung des Nutzens aus einer digitalen Serviceplattform

Um den maximalen Nutzen aus einer digitalen Serviceplattform zu ziehen, sollten Sie einige wichtige Tipps beachten. Dazu gehört die kontinuierliche Überwachung und Optimierung der Plattform, die Einbindung von Kundenfeedback in die Weiterentwicklung der Services, die Schulung der Mitarbeiter im Umgang mit der Plattform sowie die kontinuierliche Innovation und Anpassung an veränderte Marktanforderungen.

Strategien für die kontinuierliche Weiterentwicklung und Optimierung

Die kontinuierliche Weiterentwicklung und Optimierung einer digitalen Serviceplattform ist entscheidend, um wettbewerbsfähig zu bleiben und den sich ständig ändernden Kundenanforderungen gerecht zu werden. Sie sollten strategische Initiativen zur Weiterentwicklung der Plattform vorantreiben, neue Technologien und Trends identifizieren und in die Plattform integrieren sowie regelmäßige Audits und Bewertungen durchführen, um die Leistung und Effektivität der Plattform zu überprüfen.

Indem Sie diese Handlungsempfehlungen gezielt umsetzen, können sie sicherstellen, dass ihre digitalen Serviceplattformen optimal genutzt werden und einen nachhaltigen Mehrwert für ihr Unternehmen schaffen.

30.   Fazit und Ausblick

Im letzten Kapitel ziehe ich ein Fazit aus den diskutierten Themen und werfen einen Ausblick auf die zukünftige Bedeutung von digitalen Serviceplattformen.

Zusammenfassung der wichtigsten Erkenntnisse

In diesem Buch habe ich die Grundlagen, Vorteile, Herausforderungen und Implementierungsstrategien von digitalen Serviceplattformen für Unternehmen beleuchtet. Wir haben gesehen, wie diese Plattformen dazu beitragen können, die Kundenerfahrung zu verbessern, die Effizienz im Servicebereich zu steigern und neue Umsatzmöglichkeiten zu erschließen.

Ausblick auf die zukünftige Entwicklung von digitalen Serviceplattformen

Die Bedeutung von digitalen Serviceplattformen wird in Zukunft weiter zunehmen, da Unternehmen verstärkt auf digitale Technologien setzen, um ihre Serviceangebote zu optimieren und sich von Wettbewerbern abzuheben. Wir können erwarten, dass sich Technologien wie Künstliche Intelligenz, das Internet der Dinge und Big Data Analytics weiterentwickeln und die Funktionalität und Leistungsfähigkeit von digitalen Serviceplattformen weiter verbessern werden.